DESPERTANDO

© 2022, Ashley Frangie Martínez Gallardo
© 2022, Leticia Sahagún Acedo

Despertando ®
Dudas Media ®
Se Regalan Dudas ®
usado con permiso de Dudas Media Productions S.A. de C.V.

Diseño de portada: Planeta Arte & Diseño / Dudas Media
Diseño de interiores: Guadalupe M. González Ruiz
Fotografía de las autoras: © Felicia Lasala (revista Beauty Junkies)
Cuidado editorial: Marcela Riomalo

Despertando ® agradece su participación a:
Rebeca Sánchez: Diseño de identidad de Despertando Podcast
Alis Escobar: Creación de contenido y Dirección creativa de Despertando Podcast
Bárbara Alonso: Coordinación de Proyectos Especiales de Despertando Podcast

Derechos reservados

© 2022, Editorial Planeta Mexicana, S.A. de C.V.
Bajo el sello editorial PLANETA M.R.
Avenida Presidente Masarik núm. 111,
Piso 2, Polanco V Sección, Miguel Hidalgo
C.P. 11560, Ciudad de México
www.planetadelibros.com.mx

Primera edición en formato epub: noviembre de 2022
ISBN: 978-607-07-9084-3

Primera edición impresa en México: noviembre de 2022
Quinta reimpresión en México: enero de 2024
ISBN: 978-607-07-9083-6

Impreso en los talleres Impresora Tauro, S.A. de C.V.
Av. Año de Juárez 343, Colonia Granjas San Antonio, Iztapalapa
C.P. 09070, Ciudad de México.
Impreso y hecho en México – *Printed and made in Mexico*

LETY SAHAGÚN Y ASHLEY FRANGIE

DESPERTANDO

5 MINUTOS AL DÍA PARA
**ALCANZAR TU MEJOR
VERSIÓN**

Planeta

ÍNDICE

Despertando es un pódcast que te acompaña a empezar todas tus mañanas de forma presente y consciente para poder conectar con tu mente y cuerpo durante unos minutos antes de iniciar tu día. Escanea este código QR para escuchar *Despertando Podcast*.

No olvides seguirnos en nuestras redes sociales
@despertandodurmiendo

A Lorea, Renata y Chelsea,
que despertaron junto a
nosotras tantos años.

A quienes han despertado las olas
más profundas de nuestro ser.

A todas las mañanas que parecían
no llegar, pero que siempre
amanecieron a tiempo para
despertarnos.

Despertando Podcast
Escúchanos en tu plataforma de audio favorita.

DESPERTANDO

Hay quienes dicen que somos las rutinas y los rituales de nuestro día a día: los que nos han heredado, los que hemos aprendido o los que creamos por nuestra propia cuenta. Los rituales se han utilizado como herramienta para centrarnos, conectar con nuestro interior, con los demás y con la Tierra. Así ha sido para nosotras.

Con eso en mente nació *Despertando Podcast*, en medio de una pandemia que llegó sin tocar la puerta, como un invitado incómodo que llega a casa un domingo sin previo aviso. Entre el caos y la incertidumbre, la idea del pódcast era muy clara y concreta: regalar a las personas cinco minutos diarios de inspiración y reflexión al iniciar el día, de tal modo que este ritual les ayudara a vivir de forma consciente las siguientes horas.

Desde su creación hasta hoy, *Despertando Podcast* acompaña a millones de personas en todo el mundo cada mañana. Despierta a quienes se levantan antes de que salga el sol y también a los que apagan diez veces la alarma; a quienes están entre piernas y a quienes amanecen con las sábanas revolcadas; a quienes durmieron bien y a quienes necesitaban un segundo más de sueño; a quienes tienen miedo y a quienes amanecieron con ganas de hacer algo diferente; a quienes creyeron que el hoy no llegaría y a quienes tienen un día importante por delante.

Despertando Podcast ayuda a las personas a iniciar el día despacito, a su propio ritmo y en calma, sin importar si están en el mar, en una ciudad ruidosa, en camas compartidas, en el norte o en el sur del continente, en el sillón frente a la tele, en el coche de camino al trabajo, en un hotel o en un cuarto con ventanas abiertas. En todas partes, en todo tipo de mañanas y en todos los corazones, *Despertando Podcast* despierta a quien tenga cinco minutos libres y ganas de empezar el día con inspiración y buena energía.

Este libro es una prolongación de esa onda de bienestar expansiva que se ha creado alrededor del pódcast. Está lleno de ejercicios, lecturas, frases inspiradoras, listas, tips, tests y un sinfín de cosas que te ayudarán a cultivar las diferentes áreas de tu vida: tu amor propio, tu bienestar, tus hábitos y tus relaciones.

Esperamos que estas páginas se vuelvan parte de tu rutina y te acompañen en las primeras horas de la mañana. Que te acaricien, te despierten y, sobre todo, te ayuden a vivir de manera más presente y consciente.

Lety, Ashley y Pau
Creadoras de *Se Regalan Dudas*

INSTRUCCIONES

Nunca hemos sido de muchas reglas y casi no nos gusta que nos digan qué hacer. Así que las «instrucciones» para este libro van a ser fieles a eso:

LEE ESTE LIBRO COMO TÚ QUIERAS.

Puedes empezar por cualquier lado, de atrás para adelante o en un orden impecable. Tú decides; aquí no puedes equivocarte. Es tu libro, hazlo tuyo: ráyalo, dibújalo, arranca las páginas, escribe en los bordes... lo que quieras. Es de ti para ti.

Lo único que te pedimos es constancia. Regálate eso: la disciplina de leer o hacer un ejercicio de este libro todos los días. La gente dice que no tiene tiempo para nada, pero está comprobado que casi todo puede esperar 300 segundos. Cada mañana pon en pausa durante unos minutos todo aquello que te distrae; centra tu atención en este libro y en el ejercicio que harás ese día.

Te recomendamos que sea una de las primeras cosas que hagas cuando te levantes. Queremos despertar contigo. Queremos que te des esos cinco minutos para ti, que te des un regalo cada día y que empieces, así, a cultivar una vida más presente y consciente.

Recuerda escribir con honestidad y sin prejuicios para que aquí puedas encontrar todas esas respuestas que tanto has buscado.

Esperamos que tengas muchas mañanas como te gustan y estar ahí para acompañarte.

¡BUENOS DÍAS!

DESPERTANDO

AMOR PROPIO

Amor propio es aprender a escucharte, escuchar a tu cuerpo, a tu corazón y a tu alma. ¿Cómo están? ¿Qué necesitan? Llénate de todo el amor que te mereces, encuentra tus formas favoritas para demostrarte amor y ponlas en práctica todos los días. Recuerda que el autoconocimiento es un proceso: son las pequeñas acciones las que dan grandes resultados. Trabaja en tu relación más valiosa, que es la que tienes contigo. En este capítulo te ayudaremos a hacerlo.

I. AMARTE ES CONOCERTE

Si no sabes por dónde empezar, te damos algunas ideas.
El amor propio es...

Rodearte de gente que te suma.

Darte tiempo para realizar actividades que disfrutas.

Conocerte.

Ponerte límites sanos.

Exigirte lo justo para progresar sin hacerte daño.

Cuidar de tu integridad física, mental y emocional.

Sentir y expresar tus emociones.

Dedicarte tiempo para sanar heridas.

Hablarte con respeto y cariño, como lo harías con una persona a la que quieres.

Tener compasión con tu propio proceso.

Amor propio es... empezar tu día temprano.

Pero también es... darte chance de dormir una hora más.

Amor propio es... pasar el día a solas en casa.

Pero también es... salir a convivir con tus seres queridos.

Amor propio es... hacer alguna actividad física.

Pero también es... pasar todo el día en cama viendo películas.

TÚ DECIDES CÓMO SE VE EL AMOR PROPIO PARA TI.

TÚ SABES QUÉ NECESITAS EN CADA MOMENTO PARA SENTIRTE BIEN.

¡Échate flores!

El amor que recibes de otras personas es maravilloso. Sin embargo, nunca será tan hermoso como el que te puedes dar a ti.

Este día regálate todas las flores que te mereces, pues no habrá amor más bonito que el que sientas hoy por ti.

Para ti, ¿qué es y cómo se ve el amor propio?

_____

_____

_____

_____

Elígete a ti

Elígete cuando despiertes.

Elígete cuando pongas límites.

Elígete cuando quieras decir «sí», pero sobre todo cuando quieras decir «no».

Elígete siempre por encima de todo.

Y, cuando no sepas qué elegir, elige lo que te dé paz, elígete a ti.

SI QUEREMOS LLEGAR
A AMARNOS, TENEMOS
QUE EMPEZAR POR
CONOCERNOS: SOLO QUIEN
SE CONOCE PUEDE TENER
UN CONCEPTO DE SÍ MISMO,
EVALUAR SUS LUCES
Y SOMBRAS, ACEPTAR
LAS SEGUNDAS Y SACAR
PROVECHO DE LAS
PRIMERAS, RESPETARSE,
HONRARSE Y, POR
ÚLTIMO... AMARSE.

El péndulo

Todas las personas tenemos un lado A y un lado B: hay cosas que nos gustan y otras que no, cosas que nos alegran y otras que nos dan tristeza, cosas que nos suben la autoestima y otras que nos la apachurran. Cuando conocemos los dos extremos de nuestro péndulo es más fácil traernos de vuelta al centro.

¿Conoces tus lados opuestos? Contesta estas preguntas para conocerte mejor:

LADO A

¿Qué cosas te desgastan?

¿Qué te desconecta de ti?

¿Qué personas, lugares o situaciones hacen que escondas tu luz?

¿Qué cosas te da flojera hacer?

¿En qué momentos sientes culpa, vergüenza o rabia hacia ti?

Cuando ocurran las cosas que anotaste en el lado A, busca la forma de equilibrarte y regresar a tu centro, haciendo algo de lo que anotaste en el lado B; también puedes rememorar alguna ocasión en que ya lo hayas hecho.

LADO B

¿Qué cosas te dan paz?

¿Qué te conecta contigo?

¿Qué personas, lugares o situaciones te hacen brillar?

¿Qué actividades te emocionan?

¿En qué momentos sientes orgullo de ser tú?

¿Qué es lo que más te gusta de ti?

Puede ser desde algo físico hasta una actividad que hagas muy bien, cualquier cualidad o talento que tengas. Lo que sea que venga a tu mente. Dibújalo, escríbelo, haz un *collage*: despliega tu creatividad en esta página.

- Lo que ves en las demás personas te muestra algo que puedes trabajar en ti.

- Lo que te molesta de alguien más puede indicar que es momento de poner límites.

- Lo que amas y admiras de quienes te rodean es algo que tú también tienes y que puedes desarrollar.

Espejito, espejito...

Piensa en tus cinco personas favoritas y contesta:

¿Cuáles son las cualidades que más admiro en ellas?

¿De qué manera podría adoptarlas en mi vida?

Escribe tus respuestas en la siguiente tabla.

Nombre	Cualidad	Idea

¿Hace cuánto que no hablas contigo?

Es momento de reconectar, de hablarte con amor y honestidad para avanzar en tu camino de autoconocimiento. Aprovecha el siguiente espacio y escríbete una carta reconociendo todo lo que has vivido y aprendido, las veces en que te has levantado y has decidido seguir adelante, tus dones y habilidades y los motivos por los que es maravilloso ser tú.

Una carta de mí para mí

_____

_____

_____

_____

_____

_____

_____

_____

_____

_____

_____

_____

**HÁBLATE
CON AMOR
Y COMPASIÓN.**

Nota: si no sabes cómo hacerlo, pregúntate:
«¿Cómo le hablaría en este momento
a una persona que quiero?»

TRÁTATE COMO TE GUSTARÍA QUE TE TRATARAN LAS DEMÁS PERSONAS.

Tener un propósito de vida es tener un «para qué». Es darle sentido a cada paso que das y a cada decisión que tomas. Es encontrar una misión que te guíe por cada camino de la vida y te ayude a tener una visión más clara de ella.

¿Qué te gusta hacer? ¿Qué cosas te hacen sentir realmente bien?

Piensa en eso que se te facilita y que también disfrutas, pues no solo se trata de hacer cosas significativas para el mundo, sino también de hacer cosas que signifiquen algo para ti.

Guíate por lo que te mueve, te impulsa, te fluye y te motiva, aquello que te hace levantarte cada día. No tiene que ser algo grande, solo algo tuyo. Y si ahora no lo sabes, no te preocupes: lo irás descubriendo a través de las próximas páginas y con el paso del tiempo, permítete seguir tu curiosidad.

Escribe tus reflexiones aquí:

_____

_____

_____

_____

_____

_____

Tu propósito está en ese punto medio entre las cosas que amas, tus habilidades y tus talentos.

HABILIDADES ⟶ ⟵ TALENTOS

PROPÓSITO

El concepto japonés *ikigai* lo describe perfectamente bien:

Lo que amas

Pasión   Misión

Lo que sabes hacer bien   Propósito   Lo que el mundo necesita

Profesión   Vocación

Por lo que te pagan

Test para conectar con tu propósito

Descubrir y vivir nuestro propósito es una de las claves del amor propio. Y cuando hacemos algo y disfrutamos el proceso, reconocemos nuestro valor. Descubre cuál es tu propósito.

1. ¿Qué es lo que más me inspira?

_____

_____

_____

2. ¿Qué era lo que más me gustaba hacer cuando tenía entre 5 y 10 años?

_____

_____

_____

3. ¿A qué actividades me gusta dedicarles tiempo?

_____

_____

_____

4. ¿Cómo se ve mi día ideal?

_____

_____

_____

5. ¿Qué temas me generan curiosidad e incluso puedo pasar horas hablando o leyendo sobre ello?

_____

_____

_____

6. ¿Cuáles son mis aptitudes y talentos? ¿Puedo compartirlos de alguna forma?

_____

_____

_____

7. ¿Para qué tipo de situaciones o actividades suele buscarme la gente que me conoce?

_____

_____

_____

Analiza tus respuestas y **encuentra los temas y las ideas que se repitan; relaciónalos como si conectaras los puntos de algo que estás por descubrir.** ¿Qué te dice esto sobre tu propósito?

Encuentra tu *ikigai*:

Lo que amas

Pasión

Misión

Propósito

Profesión

Vocación

Lo que sabes
hacer bien

Por lo que
te pagan

Lo que el
mundo necesita

Tú no eres una sola cosa ni serás
para siempre como eres en este momento.

Conócete en todas tus facetas y regálate
la oportunidad de explorarlas. Al hacerlo
te darás cuenta de que, con el paso del
tiempo, tu perspectiva sobre ciertas
situaciones puede cambiar, y eso está bien.

PERMÍTETE CAMBIAR PARA PODER EVOLUCIONAR.

**El cambio es la única constante
y es increíble.** ¡Suelta las ideas que tienes
de ti y solo sé tú a cada momento!

LO BUENO DE TENER UNA OPINIÓN ES PODER CAMBIARLA.

NO TENGAS MIEDO DE HACERLO, ESTO ES SEÑAL DE QUE ESTÁS CRECIENDO.

Has cambiado mucho

Gracias, eso intento

Abraza tu mundo interior

Haz de tu mundo interior un refugio. Piénsalo como una casa a la que tienes que darle mantenimiento y cuidados constantes, no solo para que sea funcional, sino también para que se adapte a ti y a tus necesidades. Procura tenerlo limpio, en orden, y acomodarlo de forma que de verdad te guste.

Dedica tiempo a las cosas que disfrutas, permítete sentir, procesar tus emociones y recorrer cada habitación de tu interior. La clave está en trabajar en ti, conocerte y aprender a amarte de manera incondicional. Solo así tu mundo interno se convertirá en tu hogar y en un lugar seguro al que siempre regresarás cada vez que lo necesites.

II. AMARTE ES AMAR TU CUERPO

Para poder amarnos, nuestro cuerpo es un gran lugar por el que podemos empezar, ya que es el contenedor de lo que somos y el vehículo para llegar a ser lo que queremos.

Del 1 al 10, ¿cómo calificarías la relación que tienes con tu cuerpo hoy?

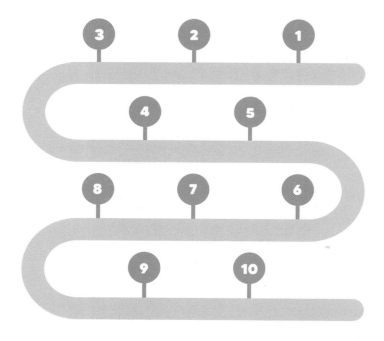

HAZ DE TU CUERPO
TU ALIADO,
NO TU ENEMIGO.

ESTÁ AQUÍ PARA
HACERTE LA VIDA
MÁS FÁCIL...
SI SE LO PERMITES.

¿Te has puesto a pensar en todo lo que tu cuerpo hace por ti?

Tus piernas... te permiten recorrer diferentes rincones del mundo.

Tu estómago... te permite absorber los nutrientes que necesitas.

Tus ojos... te permiten ver paisajes increíbles.

Tus labios... te permiten decirle a la gente cuánto la quieres.

Tus oídos... te permiten escuchar tus canciones favoritas.

Tus brazos... te permiten abrazar a tus seres queridos.

Tu cuerpo es el testimonio de cada paso que has dado en este mundo. Cada marca es un fragmento de tu historia. Lo que ves reflejado en el espejo es lo que te hace ser tú, y así tal cual eres suficiente.

Agradece cada rincón y peculiaridad de tu cuerpo: su textura, su color, su forma. Él te ha acompañado hasta aquí y te ha apoyado en los peores momentos. Ha sido tu refugio y tu sostén. A través de él es que puedes experimentar la vida.

Trabaja todos los días en aceptarlo y amarlo, porque es el contenedor de ese ser maravilloso que eres.

Escríbele una carta a tu cuerpo:

_____

_____

_____

_____

_____

_____

_____

_____

_____

_____

_____

_____

_____

_____

_____

_____

_____

_____

_____

MI CUERPO NO TIENE QUE VERSE DE UNA FORMA ESPECÍFICA. ES BELLO Y ÚNICO TAL COMO ES.

QUERERTE ES SER
PACIENTE CONTIGO.
ES ACOMPAÑARTE,
ES CUIDARTE,
ES ESCUCHARTE.
ES SERLE FIEL A ESO
QUE TÚ YA ERES.

Nutrir tu cuerpo es nutrir tu ser. Por eso...

Aliméntalo para llenarlo de energía.

Duerme las horas que necesites.

Encuentra una actividad física que te guste y realízala regularmente.

De vez en cuando regálate un masaje, un baño relajante o un momento de descanso.

Escúchalo cuando está cansado.

Respira profundo cada que puedas.

Pon atención a tu cuerpo, la clave está en conectar con él. Deja que te hable y que te diga qué es lo que necesita, qué es lo que puedes hacer por él en este momento, qué es lo que puedes cambiar para ayudarlo a sentirse mejor.

TU CUERPO
TE HABLA
TODO EL TIEMPO.

Agradece todo lo que hace por ti, trátalo suavemente y escúchalo.

ESO QUE LLAMAS «DEFECTO» NO ES MÁS QUE UN RASGO DE TI QUE NECESITA MÁS AMOR.

Preguntas rápidas para mejorar la relación con tu cuerpo

¿Qué hábitos me hacen bien?

_____

_____

¿Qué alimentos me dejan con una sensación de satisfacción y bienestar?

_____

_____

¿Qué tipo de ejercicio o actividad física me hace sentir bien?

_____

_____

¿Qué actividades me ayudan a recargarme de energía?

_____

_____

¿Qué personas me ayudan a sentirme bien respecto a mi cuerpo?

_____

_____

Deja de ver tu cuerpo como un enemigo, de rechazar su apariencia y de querer cambiarlo. Toma decisiones desde el amor a él y no desde el rechazo. Por ejemplo, si decides hacer ejercicio, que sea porque lo amas y quieres que esté sano y activo, no porque estás inconforme con lo que ves en el espejo.

La manera en que tratas tu cuerpo es el reflejo de la relación que tienes contigo. Que tu intención sea entonces habitarlo en paz y alegría, agradecerle por contenerte y sentirte a gusto en tu propia piel.

TU CUERPO ES EL MAPA PERSONAL DE TU HISTORIA.

CADA MARCA HABLA DEL CAMINO QUE HAS RECORRIDO. ABRÁZALO COMO ES.

III. AMARTE ES ELEGIRTE

Dedícate todo el tiempo que necesites, aprende a escucharte, date un día de descanso y desconexión total o un día lleno de aventuras nuevas, cada quien funciona diferente. Si para ti consentirte es no hacer nada un día, adelante, hazlo. Si consentirte implica salir y llenarte de actividades al aire libre, también es importante que lo hagas y lo disfrutes.

Agenda citas contigo, momentos dedicados exclusivamente para ti y para hacer las cosas que a ti te hagan feliz. Sé tú quien hoy te haga la persona más feliz del mundo, la que te acompañe, la que te llene de cariño y cumplidos. No esperes a que nadie más te dé todo lo que necesitas. Todo lo que quieras, pídetelo a ti. Tú sabes y puedes dártelo.

Conecta contigo

Describe cómo te sientes en este momento:

_____

¿Qué agradeces?

_____

¿Qué sientes que te hace falta?

_____

¿Qué te hace feliz?

_____

¿Qué quieres lograr?

_____

¿En qué áreas de tu vida te quieres enfocar?

_____

Hazte estas preguntas hoy y repítelo cada vez que te sientas en desconexión con tu interior. Esto te va a ayudar a no descuidar tus prioridades y a recordar lo que es importante para ti.

Esta es tu vida y tú decides cómo escribir tu historia. Cuando entiendes eso, conectas con tu poder y dejas de vivir pidiendo disculpas por ser tú.

Atrévete a hacerlo. Decide qué personaje quieres ser en este momento para ti y para la gente que te rodea, cuál es tu hilo conductor y cuál es tu destino. Nadie más puede narrar tu historia. Esta es tu vida y todos los días puedes volver a empezar.

¡Baraja del amor propio!

Cuando no sepas cómo hablarte con amor, saca una de estas cartas de la baraja del amor propio.

♣ Soy suficiente ♣	♥ Mi vida importa ♥	♠ Soy fuerte ♠	♦ Merezco ser feliz ♦
♣ Soy valiente ♣	♥ Mis emociones son válidas ♥	♠ Soy hermosa/o ♠	♦ Merezco que me traten bien ♦
♣ Soy amada/o ♣	♥ Mi existencia es valiosa ♥	♠ Soy inteligente ♠	♦ Merezco recibir amor ♦
♣ Soy valiosa/o ♣	♥ Mi salud importa ♥	♠ Soy buena/o ♠	♦ Merezco darme amor ♦

Siete maneras de recordarte lo que mereces

Es momento de tomar las riendas, reclamar tu historia y poder personal; saber que eres suficiente y que sí, te lo mereces. Las **decisiones conscientes** te acercarán a la vida de tus sueños. Empieza aquí:

Acción	Pregúntate	
Dale prioridad a tu bienestar.	¿Qué puedo hacer hoy para cuidar de mí?	
Háblate con amor.	¿Le diría esto a alguien que quiero?	
Suelta las expectativas.	¿Puedo disfrutar de esto incluso si no saco nada de ello?	

Acción	Pregúntate	
Cambia de perspectiva.	¿De qué otra manera podría ver esto?	
Recuerda escucharte.	¿Qué me quieren decir mi cuerpo, mi mente y mis emociones en este momento?	
Sé coherente con tus sueños.	¿Lo que estoy haciendo me acerca o me aleja de mi objetivo?	
Libérate de las etiquetas.	¿Hay alguna idea de mí con la que no me identifique?	

ERES
SUFICIENTE.
PUNTO.

No te conformes.
Haz lo que REALMENTE quieres.

MENOS...

¿Qué ~~TENGO~~ que hacer hoy?

MÁS...

¿Qué QUIERO hacer hoy?

Hoy regálate un momento para ver hacia atrás y celebrar todo el camino que has recorrido y todo lo que has conseguido, porque nada fue gratis ni regalado.

Todo existe porque tú lo creaste y, ¿sabes qué?, te lo mereces todo.

✦ VOLTEA A TU ALREDEDOR Y APRECIA LA MAGIA QUE HAY EN TU VIDA.

Catorce ideas de autocuidado

1. Cierra los ojos y respira bien profundo, siente todo tu cuerpo. Aparta 15 minutos para estar contigo y disfrutar de tu compañía.

2. Haz algo que te divierta.

3. Diseña un ritual de amor para ti. (Puede ser tan sencillo como encender una vela con la intención firme de quererte más).

4. Canta tu canción favorita a todo pulmón.

5. Ocúpate con un pasatiempo que disfrutes mucho.

6. Regálate algo que quisieras que alguien más te regalara.

7. Compra flores para decorar tu casa.

8. Vuelve a ver tu película favorita.

9. Prepárate algo rico de comer.

10. Ponte una prenda con la que te sientas genial.

11. Estira tu cuerpo.

12. Baila al ritmo de tu canción favorita.

13. Haz alguna meditación guiada o escucha un episodio de *Despertando Podcast*.

14. Sal a dar un paseo.

Elige una de estas ideas y ponla en práctica hoy.

IV. AMARTE ES CUIDARTE

AUTOCUIDADO:

es la capacidad de conectar con nuestro cuerpo, nuestra mente y nuestro corazón para reconocer sus necesidades, validarlas y encontrar las mejores formas de cubrirlas, con el objetivo de tener una vida balanceada y llena de bienestar.

No todas las decisiones
se sienten bien.

La decisión correcta no
siempre trae satisfacción
inmediata.

Hay decisiones que duelen
aunque sean las correctas.

A pesar de las dudas,
tu corazón siempre sabe
qué decisión tomar.
¡Escúchate!

Hoy, vuelve al pasado...

Recuerda tres decisiones que hayas tomado sabiendo que eran las correctas aunque dolieran, e identifica qué trajeron a tu vida tiempo después de tomarlas.

Decisión	¿Qué trajo a tu vida?

El camino para tomar decisiones difíciles

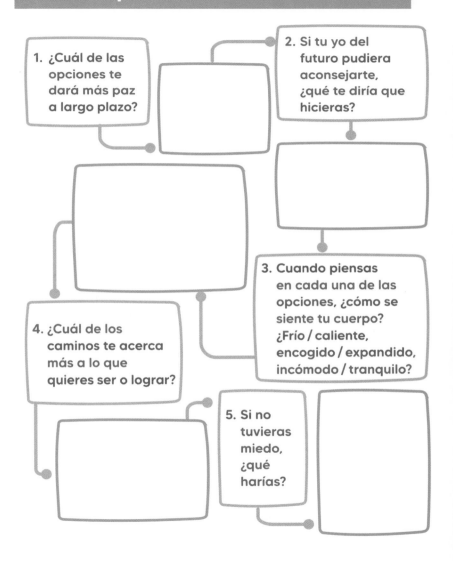

1. ¿Cuál de las opciones te dará más paz a largo plazo?

2. Si tu yo del futuro pudiera aconsejarte, ¿qué te diría que hicieras?

3. Cuando piensas en cada una de las opciones, ¿cómo se siente tu cuerpo? ¿Frío / caliente, encogido / expandido, incómodo / tranquilo?

4. ¿Cuál de los caminos te acerca más a lo que quieres ser o lograr?

5. Si no tuvieras miedo, ¿qué harías?

DILE NO A LO QUE
TE ALEJA DE TI,
DILE SÍ A LO QUE
TE ACERCA A TU
CORAZÓN.

Guía para saber cuándo decir «sí» y cuándo decir «no»

Conecta con tu corazón y responde estas preguntas:

	SÍ	NO
1. ¿Quiero hacerlo?	☐	☐
2. Si lo hago, ¿es porque auténticamente quiero hacerlo o lo hago por alguien más?	☐	☐
3. ¿Se alinea con mis creencias y valores?	☐	☐
4. ¿Esto es algo que me está acercando a la vida que quiero vivir y a la persona que quiero ser?	☐	☐
5. ¿Tengo la energía, las capacidades y el tiempo para hacerlo?	☐	☐

Si respondiste que «sí» a estas preguntas, entonces tu respuesta es: ¡SÍ!

Si, por el contrario, contestaste que «no» a alguna, quizá quieras pensar dos veces en lo que en verdad quieres hacer.

Tips para hacerles frente a los errores

- No te agobies.
- No le des más vueltas.
- No dejes que te defina.
- No inventes excusas.
- No minimices la situación y tampoco la agrandes.

En cambio...

Toma responsabilidad.

Pide disculpas a quien corresponda y, si es necesario, emprende acciones para remediarlo.

Dale al error su justa dimensión.

Identifica el aprendizaje que te deja.

Ten compasión.

Reflexiona sobre lo que harías diferente si volvieras a estar en ese escenario.

Consiéntete como lo harías con alguien que quieres si se encontrara en la misma situación.

Si te equivocaste en el pasado, no te juzgues con los ojos de hoy. Perdónate y acepta que no sabías hacerlo diferente, no tenías la información que tienes ahora. Suelta la culpa.

Equivocarte en la vida es parte del proceso. En lugar de criticarte y juzgarte, trátate de forma amable, compasiva y empática.

APRENDE A PERDONARTE CON EL MISMO AMOR CON QUE PERDONARÍAS A ALGUIEN QUE AMAS.

Ritual del perdón

Haz un listado de todas las cosas por las que quisieras pedir perdón.

Pido perdón a:

Nombre:

_____

Por:

_____

_____

_____

_____

_____

_____

Pido perdón:

A mí, por:

_____

_____

_____

_____

_____

_____

_____

_____

Después enciende una vela; concéntrate en tus intenciones, deja que el fuego limpie toda culpa y te permita pasar la página. Si lo consideras necesario, puedes compartir estas palabras con la persona a quien quieras pedir perdón; si no, haz este ejercicio para ti.

Aprender de los errores

El aprendizaje no es una etapa, es un proceso que dura toda la vida; siempre hay algo nuevo por aprender, así que arriésgate. No dejes de hacer algo por miedo a equivocarte. Aunque creas que de ese modo reduces el riesgo al error, también limitas tus posibilidades de hacer lo que tanto quieres. Al cerrarle la puerta a lo «malo» que puede pasar, también le impides el paso a lo bueno que puede estar esperando.

Pierde el miedo, toma riesgos y ábrete a las posibilidades; esa es la única forma de vivir la vida.

Hoy dale gracias a tu yo del pasado por...

Haber pedido ayuda cuando la necesitabas.

Saber decir «no».

Saber decir «sí».

Levantarte cuando has caído.

Salir de tu zona de confort.

Escoger el camino que te ha traído hasta aquí.

Aprender de tus errores.

Seguir luchando por tus sueños.

Volver a creer en ti.

Tu mundo, tus reglas

Aprende a decir que no.

No dejes que nadie decida por ti.

Establece límites sanos.

Respeta tus creencias.

Trabaja duro por tus sueños.

AUTOSABOTAJE:

obstáculo que nos ponemos cuando estamos intentando conseguir alguna meta. Puede ser difícil de reconocer, debido a que sucede a través de pensamientos y frases inconscientes que obstruyen nuestro camino.

Camuflajes del autosabotaje

«No voy a poder»

«Me va a salir mal»

«Siempre me equivoco»

«Lo voy a arruinar»

«Nadie me hará caso»

«No soy como otra persona»

Cuando te encuentres repitiendo alguna de estas oraciones, recuerda las cosas buenas que te ha dicho la gente en el pasado. Recuerda lo lejos que has llegado y todo lo que vales.

Las conductas de autosabotaje son respuestas inconscientes que tenemos frente a situaciones de grandes cambios, con el fin de evitar salir de nuestra zona de confort. Haz un ejercicio de introspección para entender de dónde viene ese temor; esto te ayudará a sanar y trascender.

Con un diálogo interno podrás entrar en contacto con tus inseguridades y probablemente descubrirás que lo que estás intentando evitar es el sufrimiento. El objetivo es mirarnos al espejo y lograr ver en nosotros a alguien capaz y que merece tener la vida que desea.

APRENDE A RECONOCER TUS PATRONES Y LOS LUGARES Y MOMENTOS EN LOS QUE SUELES ESTANCARTE: ESA ES LA ÚNICA MANERA DE AVANZAR.

¿Cuál es tu Everest personal?

Conseguir una buena nota en un examen o un nuevo trabajo son logros evidentes, pero hay otros logros más íntimos que también merecen celebración, por ejemplo:

Cumplir con la caminata del día.

Decir «no» a algo que no quieres hacer.

Cortar con una relación tóxica.

Levantarte de la cama cuando no encontrabas razones para hacerlo.

Probar algo nuevo.

Escribe el tuyo aquí:

_____

_____

_____

Y brinda por eso y por todas las cosas pequeñas que has logrado.

¡FELICIDADES!

EL MEJOR DÍA PARA CELEBRARTE ES HOY.

LA MEJOR RAZÓN PARA CELEBRARTE ES QUE ESTÁS AQUÍ. ¡CELÉBRATE!

Sueños por cumplir a lo largo de mi vida

Todas las personas tenemos sueños, y eso es genial. Sin embargo, hay ocasiones en que nos enfocamos tanto en la meta final, que olvidamos establecer los pequeños pasos que nos llevarán a ella. Hoy es momento de revisar el camino completo y de preguntarte si los objetivos de tu día a día te están acercando o alejando de tu sueño.

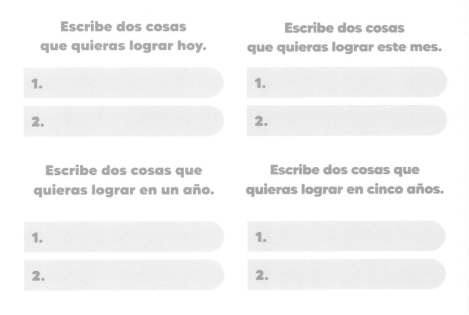

Escribe dos cosas
que quieras lograr hoy.

1.

2.

Escribe dos cosas
que quieras lograr este mes.

1.

2.

Escribe dos cosas que
quieras lograr en un año.

1.

2.

Escribe dos cosas que
quieras lograr en cinco años.

1.

2.

Analiza tus respuestas y pregúntate: ¿las cosas que quieres lograr a corto y mediano plazo te acercan de algún modo a tus metas a largo plazo?

SI TU YO DEL PASADO PUDIERA DARTE UN MENSAJE... (UNO SOLO), ¿CUÁL SERÍA?

_____

_____

_____

_____

SI TU YO DEL FUTURO PUDIERA DARTE UN MENSAJE... (UNO SOLO), ¿CUÁL SERÍA?

_____

_____

_____

_____

Cinco lecciones que vale la pena aprender pronto en la vida

1. No hay que tomarse todo tan en serio.

2. La única persona con la que debes buscar quedar bien es contigo.

3. Te arrepentirás más de lo que no hiciste que de lo que sí.

4. No necesitas tener muchas amistades, basta con tener pocas pero buenas.

5. La vida es más corta de lo que parece, haz lo que quieras hacer en este momento.

LAS COSAS QUE SON PARA TI, TARDE O TEMPRANO LLEGARÁN.

TE MERECES UNA VIDA EN LA QUE OBTENGAS TODO LO QUE SIEMPRE HAS SOÑADO. TE MERECES RELACIONES HERMOSAS LLENAS DE AMOR Y COMPLICIDAD. TE MERECES LOGRAR TODAS LAS METAS QUE TE PROPONES. TE MERECES DÍAS LLENOS DE AVENTURAS Y RISAS.

¿Sabes por qué es tan poderoso saber que mereces ser feliz? Porque una vez que de verdad internalizas esa creencia, comienzas a actuar en consecuencia. Regálate una sonrisa y reconoce todo ese amor en ti.

PSSST...

SI ESTABAS
ESPERANDO UNA
SEÑAL PARA DAR
EL PRIMER PASO,
AQUÍ ESTÁ.

HAZLO.

¿ALGUNA VEZ HAS TENIDO MIEDO A QUE TE DEJEN DE AMAR?

Es un temor natural, pero en su justa medida. La mejor manera de hacerle frente es queriéndote más que a nada ni a nadie en el mundo, así como recordar que tú eres tu fuente principal de amor y apoyo y que no debes poner esa responsabilidad en los demás, pues la única persona que estará siempre a tu lado eres tú.

Desde ese lugar de amor propio es más fácil construir relaciones sanas con otras personas, moderar tus expectativas y salir adelante si un día el amor que alguien siente por ti se desvanece.

TU AMOR
MÁS GRANDE
ERES TÚ.

Es muy importante hacer pausas de vez en cuando y escanear la relación que tienes contigo. ¿Cómo te hablas? ¿De qué te crees capaz? ¿Qué de lo que estás haciendo funciona y qué necesitas cambiar? ¿Cómo puedes caminar poco a poco hacia un lugar de más amor y compasión?

_____

_____

_____

_____

_____

_____

_____

_____

_____

_____

_____

_____

_____

_____

_____

_____

_____

AMARTE ES
EL COMIENZO DE
VOLVER A CASA.

DESPERTANDO

BIENESTAR

¿Cómo estás?

Antes de que respondas, haz una pausa y piensa detenidamente para no contestar en automático con un «bien, gracias».

¿Cómo estás? es una pregunta que tenemos memorizada y metemos de forma casual en cualquier conversación, la hacemos y la respondemos sin ninguna intención real de conectar con nuestras emociones; en realidad debería de ser una invitación a revisar nuestro mundo interno para ver cómo se encuentra, qué está pasando en este momento de nuestra vida, si nos sentimos en paz o si hay algo que necesitemos hablar.

Intenta hacerte esta pregunta un par de veces al día, justo al despertar y antes de dormir; tómate de verdad un momento para respirar, conectar contigo y responder. Pregúntale a tu cuerpo, a tu mente y a tu alma cómo están; enfoca toda tu atención y energía en ellos: siéntelos, conecta con sus necesidades y atiéndelas.

Ahora sí, ¿cómo estás?

_____

_____

_____

_____

_____

I. APRENDE A MANEJAR TUS EMOCIONES

Todas las emociones son necesarias. Sí, TODAS.
Incluso esas que son incómodas y difíciles de sentir.
Y ¿sabes por qué? Porque son útiles.

Cada emoción es una pista que te lleva a conocerte,
a saber qué quieres y a mover tu energía en esa
dirección. De ahí su nombre:

E-MOCIÓN

Cuando hablamos sobre las emociones, por lo general pensamos que solo existen las que hemos escuchado una y otra vez: alegría, enojo, tristeza y miedo; no obstante, la lista es mucho más extensa de lo que imaginamos. Tener un vocabulario de emociones tan limitado provoca que confundamos lo que sentimos y que no logremos escuchar los mensajes que cada emoción trae consigo.

Identificar y nombrar aquello que estamos sintiendo nos ayuda a conocernos mejor, a entender por qué reaccionamos de cierta manera y a descifrar por qué a veces no sabemos qué hacer con todo lo que sentimos.

Regálate el tiempo de explorar tu mundo emocional, de identificar cada emoción que te visita, de escuchar los mensajes que traen para ti. Haz de tus emociones tus aliadas, en ellas encontrarás las pistas más valiosas para entender cuál es el siguiente paso.

Abraza tus emociones. Abrázate a ti y a tus procesos. Cada emoción es una oportunidad para sanar, crecer y aprender un poquito más de ti.

Glosario de emociones

EMOCIONES RELACIONADAS CON LA ALEGRÍA

- Alivio
- Ánimo
- Añoranza
- Apaciguamiento
- Asertividad
- Autenticidad
- Autocomplacencia
- Autonomía
- Brillantez
- Calma
- Certeza
- Comodidad
- Complacencia
- Contemplación
- Contento
- Deleite
- Despreocupación
- Dicha
- Dignidad
- Disfrute
- Diversión
- Ecuanimidad
- Empoderamiento

- Encanto
- Entusiasmo
- Esperanza
- Euforia
- Exaltación
- Excitación
- Éxito
- Éxtasis
- Fascinación
- Felicidad
- Firmeza
- Frenesí
- Gozo
- Grandeza
- Gusto
- Ilusión
- Inspiración
- Intrepidez
- Júbilo
- Libertad
- Logro
- Lujuria
- Motivación

- Optimismo
- Osadía
- Pasión
- Placer
- Plenitud
- Regocijo
- Satisfacción
- Suficiencia
- Tranquilidad
- Triunfo
- Valentía
- Vigor
- Vivacidad

- Abandono
- Abatimiento
- Abrumación
- Aflicción
- Agitación
- Agobio
- Agonía
- Aislamiento
- Amargura
- Apatía
- Arrepentimiento
- Ausencia
- Banalidad
- Consternación
- Contrariedad
- Contrición
- Culpa
- Decaimiento
- Decepción
- Dependencia
- Depresión
- Derrota
- Desaliento

- Desamor
- Desamparo
- Desánimo
- Desaprobación
- Desconsuelo
- Descontento
- Desdicha
- Desencanto
- Desengaño
- Desesperanza
- Desgano
- Desidia
- Desilusión
- Desmotivación
- Desolación
- Desvalorización
- Devaluación
- Dolor
- Duelo
- Estancamiento
- Exclusión
- Fracaso
- Humillación

- Incapacidad
- Incomprensión
- Indiferencia
- Inexpresividad
- Infelicidad
- Lástima
- Malestar
- Melancolía
- Menosprecio
- Nostalgia
- Pena
- Perdición
- Pesar
- Pesimismo
- Remordimiento
- Resignación
- Soledad
- Sufrimiento
- Suplicio
- Tormento
- Vacío

EMOCIONES RELACIONADAS CON EL ENFADO

- Abuso
- Agresividad
- Arrogancia
- Aspereza
- Bravura
- Brutalidad
- Burla
- Celo
- Cólera
- Coraje
- Desconsideración
- Desesperación
- Despecho
- Destrucción
- Discordia
- Disgusto
- Dominación
- Enajenamiento
- Engaño
- Engreimiento
- Enjuiciamiento
- Enojo
- Envidia

- Estrés
- Fastidio
- Frustración
- Furia
- Hostilidad
- Impaciencia
- Impotencia
- Incomodidad
- Inconformidad
- Indignación
- Injusticia
- Insatisfacción
- Insulto
- Invasión
- Ira
- Irritabilidad
- Malhumor
- Manipulación
- Molestia
- Obligación
- Obstinación
- Odio
- Orgullo

- Prepotencia
- Rabia
- Rebeldía
- Rencor
- Represión
- Resentimiento
- Superioridad
- Traición
- Venganza
- Violencia

EMOCIONES RELACIONADAS CON EL AMOR

- Aceptación
- Acompañamiento
- Admiración
- Adoración
- Afecto
- Agradecimiento
- Agrado
- Amabilidad
- Apego
- Apoyo
- Aprobación
- Armonía
- Atracción
- Benevolencia
- Bondad
- Cariño
- Cercanía
- Compasión
- Comprensión
- Compromiso
- Condescendencia
- Condolencia
- Confianza

- Consideración
- Consolación
- Consuelo
- Cordialidad
- Correspondencia
- Cuidado
- Deseo
- Dulzura
- Empatía
- Enamoramiento
- Estima
- Fortaleza
- Generosidad
- Gratitud
- Heroísmo
- Honestidad
- Honorabilidad
- Humildad
- Integridad
- Interés
- Intimidad
- Introspección
- Justicia

- Paciencia
- Paz
- Pertenencia
- Receptividad
- Respeto
- Seguridad
- Sensibilidad
- Sensualidad
- Sentimentalismo
- Serenidad
- Simpatía
- Solidaridad
- Solitud
- Templanza
- Tenacidad
- Ternura
- Tolerancia
- Unidad
- Valoración

Cada emoción conlleva su propio mensaje, por eso es importante recibirlos todos y procesarlos.

Para encontrarlo, puedes hacerte las siguientes preguntas:

ENOJO

¿Qué límites que son importantes para mí se están cruzando? ¿Cuáles necesito poner y a quién?

TRISTEZA

¿Qué es importante para mí que he perdido y necesito vivir un duelo?

MIEDO

¿Qué creo que me puede causar daño?

ANSIEDAD

¿Cómo puedo disfrutar el momento presente?

Si estás teniendo un mal día, recuerda que es **normal sentirse mal**. Es una respuesta completamente natural a la vida. Tu corazón es humano, y eso quiere decir que a veces siente enojo, miedo, tristeza, ansiedad... y es sano que lo haga.

Cuando eso ocurra, sigue estos **pasos para validar tus emociones**:

1. Ponle nombre a lo que estás sintiendo: miedo, estrés, ansiedad, tristeza, rabia, etcétera.

_____

_____

2. Encuentra el detonante: ¿qué situación te hizo sentir así?

_____

_____

3. Detecta si surgió de forma repentina o si es el resultado de una acumulación de otras emociones o situaciones.

_____

_____

4. Identifica lo que esta emoción te está queriendo decir.

_____

_____

Vuelve a este ejercicio cada vez que sientas una emoción rondando tu mente y no sepas qué quiere mostrarte.

Sentirte mal y aceptarlo no te hace débil,
te hace humano.

MENOS...

MÁS...

«Tengo que
estar bien»

«¿Qué siento?»

«Quiero dejar
de sentir esto»

«Es válido
sentirme así»

«No pasa nada»

«Siento algo
y sentirlo me
enseñará algo»

CUANDO NADA ES SEGURO, TODO ES POSIBLE.

Date permiso de tener días buenos y días malos, de sentirte sin energía de vez en cuando.

Date la oportunidad de responder honestamente cuando alguien te pregunte cómo estás y estés pasando por un mal rato.

DATE PERMISO DE PEDIR AYUDA, DE DECIR: «HOY ES UN DÍA DIFÍCIL» Y, DESPUÉS, «ESTO TAMBIÉN PASARÁ»

Aprende de tus emociones

Al validar tus emociones te das la oportunidad de enfrentarlas y de sentirlas. En el proceso es importante que aprendas a regularlas para que no te absorban por completo.

Si sientes...

Estrés:
> Respira. Enfoca tu atención y acción en lo que está en tus manos; deja ir lo que no depende de ti.

Tristeza:
> Haz lo que tú necesites en este momento: llora, escribe, habla. Date tiempo para conectar contigo y suelta lo que tengas que soltar.

Enojo:
> Toma una pausa. Comunica lo que te molesta a quien corresponda y, si es necesario, pon un límite.

Ansiedad:
> Observa a tu alrededor. Enfócate en el momento presente. Respira: estás aquí y ahora.

A veces la cabeza se llena de ideas a las que les damos vuelta una y otra vez y no nos dejan estar en paz. Cuando eso ocurra...

1. **Haz otra cosa que calme tu mente. Te doy unas ideas: respira profundo y concéntrate en cómo entra y sale el oxígeno. Escucha y canta tus canciones favoritas. Nombra todas las cosas a tu alrededor que puedas observar en ese momento.**

2. **Limita el número de cosas para hacer y empieza por una sola, de preferencia la que más ilusión te provoque.**

3. **Pregúntate: si pudiera mirar esto que me apura desde otra perspectiva, ¿cómo se vería?**

4. **Escribe todo lo que está en tu cabeza en ese momento.**

_____

_____

_____

_____

_____

_____

_____

_____

Tips para volver a tu centro

Disfruta el presente.

Conecta contigo.

Agradece lo que tienes.

Elimina los juicios.

Suelta el control.

¿HOY NO TE HAN
SALIDO LAS COSAS
COMO ESPERABAS?

RESPIRA.

SOLO ESTÁS
TENIENDO UN MAL DÍA.

NO UNA MALA VIDA.

Días en los que llorar es inevitable

Hay días en los que te sientes triste o con ganas de llorar desde que te levantas. Crecimos pensando que esto era algo malo y que debíamos evitarlo a toda costa.
Sin embargo, llorar tiene muchísimos beneficios, entre ellos:

Tranquiliza.

Libera
el estrés.

Mejora
el humor.

Libera
endorfinas.

Desbloquea
las emociones.

Entonces, ¿qué tal si hoy te permites llorar eso que has guardado por tanto tiempo?

La ansiedad es...

El miedo a que las cosas que todavía no pasan no resulten como esperamos. Cuando esta llega a visitarte, lo primero que puedes hacer es respirar y después intentar analizar la situación. La mayoría de las veces en que sentimos ansiedad se debe a ciertos pensamientos obsesivos sobre el pasado o el futuro:

TENEMOS UNA IDEA ENTERRADA EN LA MENTE QUE NOS ATORMENTA Y NO NOS DEJA EN PAZ.

¿Qué situación te genera **ansiedad** hoy? Escríbela aquí:

_____

_____

_____

_____

_____

_____

_____

_____

_____

_____

_____

_____

_____

_____

_____

_____

_____

_____

_____

_____

_____

Volver al momento presente es una de las técnicas más poderosas para manejar tu ansiedad. Aquí encontrarás un ejercicio para lograrlo.

1. Del 1 al 10, califica qué tan fuerte es tu ansiedad: ....

2. Respira profundo tres veces.

3. Voltea a tu alrededor y analiza el espacio en donde te encuentras.

4. Empieza a nombrar todos los objetos que veas.

5. Identifica cuántos colores puedes contar.

6. Concéntrate en encontrar el sonido más lejano.

7. Realízate un escaneo corporal de pies a cabeza; siente cada parte de tu cuerpo.

8. Respira profundo tres veces.

Ahora que hiciste los pasos anteriores, califica, del 1 al 10, qué tan fuerte es tu ansiedad: ....

Vuelve a tu centro

Cuando pienses en paz, piensa en equilibrio. Enfócate en regresar a tu centro después de haber vivido cualquier experiencia que te haya sacado de él.

TU PAZ MENTAL ES LA CALMA QUE LLEGA DESPUÉS DE LA TORMENTA.

Trabaja en ti, RESPIRA, invita a tu cuerpo y a tu mente a que se relajen contigo. Recuerda la importancia de vivir presente y consciente, de conectar con el aquí y el ahora. La atención plena siempre será una de tus mejores aliadas al momento de buscar tranquilidad. Valora todas las bendiciones que tienes en el momento presente. Agradece y vuelve así a tu centro.

Si sientes la necesidad de apoyarte en alguien más, siempre es una buena opción buscar ayuda profesional para acompañar cualquier proceso que esté afectando tu salud mental y emocional.

SENTIMOS FRUSTRACIÓN
CUANDO UNA SITUACIÓN
NO SALIÓ COMO
ESPERÁBAMOS. POR ESO,
CUANDO LA FRUSTRACIÓN
TE DOMINE, PIENSA:
¿QUÉ PUEDO APRENDER
DE LO QUE OCURRIÓ
Y CÓMO PUEDO
UTILIZARLO PARA
CREAR ALGO MEJOR?

El primer paso para aprender a vivir con la frustración y lograr vencerla es saber reconocerla. Como con cualquier otra emoción, es vital saber qué estás sintiendo; de otro modo, será imposible identificar cómo transitarla y poder avanzar.

Desarrolla tu capacidad de respuesta y de generar alternativas. Nombra todo lo que estás sintiendo.
No te cierres a tu plan original, siempre ten en mente otros posibles caminos en caso de que el primero no funcione, y aprende a adaptarte a las circunstancias que la vida te va presentando. Enfoca tu energía en lo que puedes manejar y deja ir lo que simplemente no va a suceder, verás que vivirás con más tranquilidad.

Reorganiza tus prioridades.

Busca alternativas y soluciones.

Enfócate en lo que sí está en tus manos.

Cambia de perspectiva.

Sé flexible.

¿Para qué sirve el miedo?

El **miedo** se presenta para alertarte sobre posibles peligros. Esa es su función y está muy bien que haga su trabajo, pero también es necesario que tú hagas el tuyo: **definir si el miedo que sientes responde a un peligro real o imaginario, escucharlo y darle espacio sin dejar que tome el control.**

Hacerte las siguientes preguntas te puede ayudar:

1. ¿De qué me quiere alertar mi miedo en este momento?

_____

_____

_____

2. ¿Ese riesgo es real o solo está en mi mente?

_____

_____

_____

3. ¿Cómo puedo enfrentar este miedo?

_____

_____

_____

☞ **HAZ LAS PACES CON EL MIEDO, MÍRALO DE FRENTE Y TRANSFÓRMALO EN ALGO QUE TE IMPULSE A CUMPLIR TUS METAS.**

NO LE CEDAS EL PODER DE GUIARTE Y MUCHO MENOS DE TOMAR TUS DECISIONES. APRENDE A RECONOCERLO Y A CAMINAR INCLUSO CUANDO SE HACE PRESENTE.

Cuando te dé miedo fracasar en algo, pregúntate:

«¿QUÉ ES LO PEOR QUE PUEDE PASAR?»

Seguido de eso, haz otra pregunta:

«¿QUÉ ES LO MEJOR QUE TE PODRÍA PASAR?»

Te darás cuenta de que el riesgo no es tan grave como imaginas y que, si lo ponemos en balance, intentarlo siempre vale la pena, aunque las cosas no salgan como esperábamos.

Solo por hoy...

Date un descanso emocional.

Haz alguna actividad que
te ayude a relajarte.

Deja que tus seres queridos te
acompañen y te den cariño.

No hagas nada que no quieras.

Enfócate en disfrutar.

Pide ayuda si la necesitas.

Normaliza pedir ayuda

Familiarízate con las frases:

«No sé hacerlo.
¿Me ayudas?»

«No puedo más. ¿Podrías
echarme la mano?»

«No conozco la
respuesta. ¿Me ayudas
a entender?»

Beneficios de pedir ayuda

Reduces el estrés.

Compartes tus problemas.

Te haces la vida más fácil.

Aprendes de otras personas.

Logras mejores resultados.

Creas lazos más fuertes.

II. ¿CÓMO SOBREVIVIR A LOS DÍAS DIFÍCILES?

La vida es completamente impredecible, eso es lo que la vuelve tan mágica y emocionante. Y aunque a veces en los días oscuros no veas más que nubes, recuerda que siempre, siempre, vuelve a brillar el sol.

La resiliencia es la capacidad que tenemos los seres humanos para reponernos de las situaciones difíciles. Es como un músculo que se fortalece con cada mal día que tienes o cada complejidad que atraviesas.

Ser resiliente es no dejarse derrumbar por las cosas; es mantener una visión positiva, tener una actitud proactiva, aprender las lecciones y volver a intentarlo sin miedo.

En palabras más simples, es levantarte cuando te caes, y aprender a hacerlo todas las veces que sea necesario.

Anatomía de una persona resiliente

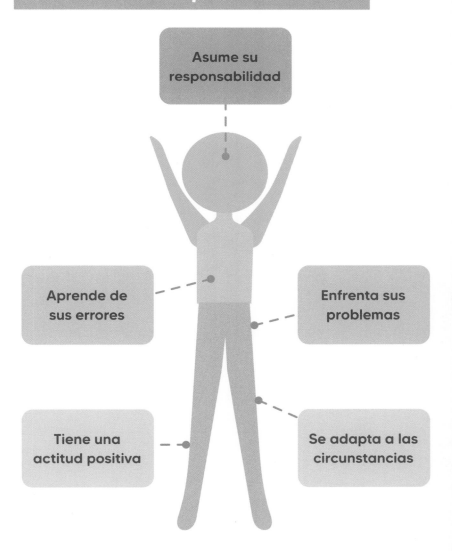

Asume su responsabilidad

Aprende de sus errores

Enfrenta sus problemas

Tiene una actitud positiva

Se adapta a las circunstancias

¿Cuáles de las características de las personas resilientes podrías reforzar un poco más? ¿Por qué? ¿A qué acciones te comprometes para lograrlo?

Lo que debo fortalecer	¿Cómo voy a hacerlo?

Piensa en una situación difícil por la que estés pasando hoy

En vez de preguntarte «¿por qué me está pasando esto?», reflexiona «¿para qué me está pasando esto?», y «¿qué me enseña esto?». Escribe tu respuesta:

_____

_____

_____

_____

_____

_____

_____

_____

_____

_____

_____

_____

_____

_____

_____

_____

Si hoy estás pasando por un momento difícil, recuerda:

Eres importante y suficiente.

Eres más de lo que te dice tu mente.

Este momento no te define.

Esto también pasará.

Hay alguien que te quiere y te acompaña.

Puedes pedir ayuda.

Cuando las cosas no salgan como quieras, no te castigues.
Modera tus expectativas. Haz las paces con entender que
hay muchas cosas que están fuera de tus manos y trata de
fluir con lo que la vida trae a tu camino.

8:00 a. m.

Despertarme ~~5:30 a. m.~~

~~**Salir a correr**~~ Hacer un par de estiramientos al despertar

~~**Acabar todos mis pendientes**~~
Hacer lo más urgente y descansar

Comer ~~**en familia**~~ en mi escritorio

~~**Salir con mis amigas y amigos**~~ Trabajar

~~**Leer treinta minutos**~~
ver mi serie

~~**Dormir temprano**~~
Desvelarme

121

Cosas que no te definen	**Cosas que sí te definen**
Tu pasado.	Tu capacidad de disfrutar el presente.
Tus pensamientos.	Tus intenciones.
Tus emociones.	El amor que das.
La persona que has sido.	La persona que decides ser cada día.

Si hay algo que te preocupe hoy, piensa si vale la pena invertir tu energía en ello.

Pregúntate:

	SÍ	NO
¿Esto me va a importar en cinco minutos?	☐	☐
¿Esto me va a importar en cinco días?	☐	☐
¿Esto me va a importar en cinco años?	☐	☐

Que el nivel de preocupación sea proporcional a tu respuesta.

Pasos para lidiar con tus **preocupaciones:**

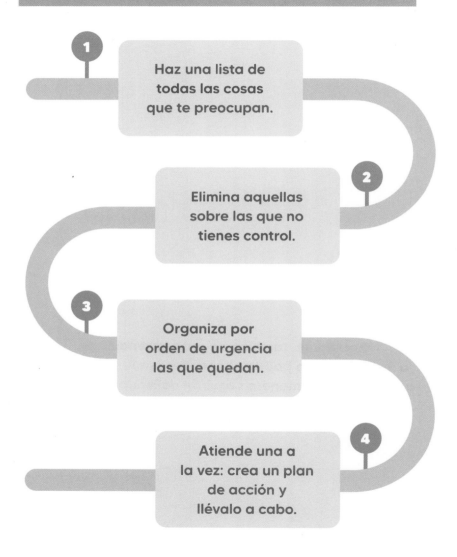

1 Haz una lista de todas las cosas que te preocupan.

2 Elimina aquellas sobre las que no tienes control.

3 Organiza por orden de urgencia las que quedan.

4 Atiende una a la vez: crea un plan de acción y llévalo a cabo.

LOS DÍAS DIFÍCILES Y LAS CAÍDAS SON INEVITABLES, TARDE O TEMPRANO LLEGARÁN Y DEJARÁN HERIDAS Y CICATRICES EN EL CAMINO.

No obstante, también dejarán aprendizajes, a los cuales solo podemos acceder si nos atrevemos a sanar. De otra manera seguirán doliendo por mucho más tiempo y nos impedirán vivir una vida plena.

Lo que hoy puedes hacer si algo te duele

1. Reconoce lo que te duele.

_____

_____

_____

_____

2. Descríbelo. ¿Cómo te hace sentir?

_____

_____

_____

_____

3. ¿Qué has aprendido con esto que te está doliendo?
¿Qué crees que puede enseñarte?

_____

_____

_____

_____

4. ¿Hay algo que puedas agradecer en este momento difícil?

_____

_____

_____

_____

5. ¿Hay algo que quieras liberar o expresar en estas líneas?

_____

_____

_____

_____

6. (Solo si aplica). Perdónate por tus errores, pues aprendiste mucho de ellos.

7. (Solo si aplica). Perdona a las demás personas por sus errores, pues cada quien hace lo mejor que puede con lo que sabe.

8. Si lo necesitas, busca ayuda profesional. Recuerda que no estás solo(a). Las heridas toman su tiempo en sanar.

LOS DÍAS DIFÍCILES
NO DURAN PARA SIEMPRE.
A VECES ES DIFÍCIL VER
EL FINAL DEL CAMINO, PERO
RECUERDA QUE NADA
ES PERMANENTE.
RESPIRA PROFUNDO,
TEN PACIENCIA E INTENTA
VER MÁS ALLÁ DE LA
INCOMODIDAD.
ALGÚN DÍA PODRÁS
VER TODO ESO QUE DUELE
EN RETROSPECTIVA.

Todo va a
estar mejor.

Tienes las herramientas
que necesitas para
hacerle frente a la vida.

Confía en que eres
capaz de hacer tus
sueños realidad.

No te detengas.

Vas a superar
eso que te está
costando trabajo.

Lo mejor está
por llegar.

Nuevos comienzos y eternas despedidas

La vida está llena de nuevos comienzos y eternas despedidas. Aprender a identificar cuando **un ciclo** está iniciando o terminando es importante para sanar, integrar los aprendizajes y avanzar.

¿Qué ciclo estás iniciando en este momento de tu vida?

_____

_____

_____

_____

_____

¿Qué ciclo estás terminando?

_____

_____

_____

_____

_____

El cambio es inevitable, el crecimiento es opcional

Piensa en ese ciclo que estés cerrando hoy a nivel personal, laboral, romántico, de amistad, familiar o de cualquier otro tipo. Pregúntate:

¿Cuáles fueron los mejores momentos de este ciclo?

_____

_____

¿Cuáles fueron los mayores retos?

_____

_____

¿Cómo me hicieron crecer estos retos?

_____

_____

¿Cuál fue el mayor aprendizaje que me dejó este ciclo?

_____

_____

Recorrer el camino del duelo es necesario

No hay atajos ni vía fácil para transitarlo. Permítete sentir el dolor. No basta con reconocerlo y aceptarlo, el duelo necesita vivirse en cada una de sus etapas para cumplir su ciclo. Esta es la única manera en que ese dolor logrará cicatrizar y sanar poco a poco.

Una pérdida siempre trae consigo cambios a los que no debemos resistirnos. Hay que intentar fluir con ellos y entender que son parte de nuestra historia personal.

ABRAZA ESTOS CAMBIOS, MÍRALOS COMO UNA OPORTUNIDAD PARA CRECER Y EVOLUCIONAR.

¡Trátate con compasión!

Cuando estamos pasando por una situación dolorosa, solemos ser nuestros peores críticos. La próxima vez que estés en una circunstancia así, recuerda tener autocompasión y elimina de tu diccionario frases como:

«Tengo que ser fuerte»

«No puedo llorar»

«Podría ser peor»

«Mi pérdida no es nada comparado con X»

Dale un lugar a tu dolor y exprésalo con libertad.

VAMOS CON CALMA,
NO TENGAS PRISA.

LOS CIERRES AMERITAN
SU PROPIO DUELO,
Y, COMO TODO PROCESO,
HAY QUE DEJAR QUE
SIGAN SU CURSO.

¿Cómo cicatrizar una herida?

El tiempo ayuda a cicatrizar las heridas poco a poco, pero hay otras cosas que también son de utilidad. Por ejemplo:

Darte permiso de sentir tus emociones.

Conectar con el momento presente.

Escribir, hablar, llorar, caminar.

Ir a terapia.

Compartir tus emociones con personas que sepan contenerte y acompañarte de forma amorosa.

Entender el aprendizaje que te deja cada situación dolorosa.

No forzarte a estar bien antes de que sientas que puedes hacerlo.

Escuchar y honrar lo que tu cuerpo necesita en cada momento.

Cuidarte, mimarte y amarte más.

¿Se te ocurren otras? Escríbelas:

_____

_____

A veces los grandes regalos de la vida vienen en forma de errores o tropiezos. Se trata de aprendizajes que en el momento no podemos distinguir; así pues, cada vez que algo no sale como lo planeamos, se abre un mundo entero de posibilidades.

Abre tu mente y tu corazón para contemplar que, cuando se cierra una puerta, se abren otras; que cada error te trae una nueva oportunidad de hacerlo distinto, de reinventarte, cambiar de rumbo y crecer; que equivocarte es parte de la vida misma y que, más que un error, es un aprendizaje.

Al perder también se gana

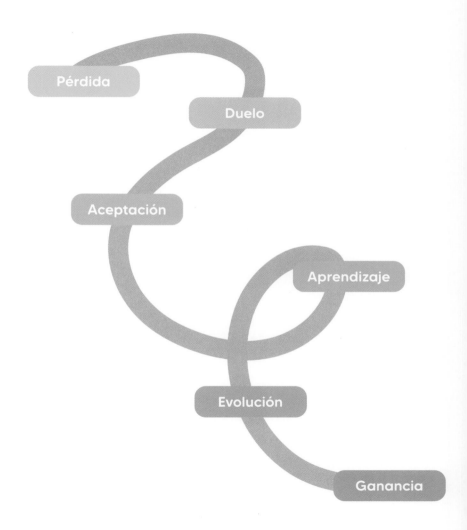

- Pérdida
- Duelo
- Aceptación
- Aprendizaje
- Evolución
- Ganancia

LA FELICIDAD NO DEPENDE DE LO QUE NOS PASA O NO EN LA VIDA, SINO DE LOS LENTES CON LOS QUE VEMOS LO QUE OCURRE.

Seguramente has escuchado muchas veces lo del vaso medio lleno o medio vacío. ¿Cómo quieres ver tu vida y lo que te está pasando hoy?

Cuando vives desde una perspectiva en la que no te centras solo en lo malo que puede ocurrir, se te presenta un mundo de posibilidades con todo lo bueno que te puede suceder.

OBSERVA ESTA ILUSTRACIÓN Y RESPONDE LO PRIMERO QUE VENGA A TU MENTE: ¿CÓMO VES EL VASO?

☐ MEDIO LLENO
☐ MEDIO VACÍO

¿Qué frases sueles decirte más?

Perspectiva de la baja autoestima	Perspectiva de la autovalía
«No merezco que me pase nada bueno»	«Merezco que me pasen cosas buenas»

Perspectiva de la carencia	Perspectiva de la gratitud
«Voy a ser feliz cuando tenga más dinero, baje de peso, encuentre pareja... (o cualquier cosa que creas que te hace falta)»	«Agradezco cada una de las cosas que hay en mi vida»

Perspectiva del pesimismo	Perspectiva del optimismo
«Seguramente todo saldrá mal»	«Aunque haya momentos difíciles, al final del día todo estará bien»

Perspectiva de la escasez	Perspectiva de la abundancia
«Nunca tengo suficiente»	«Siempre tengo lo que necesito»

Nuevos comienzos

Vivir un nuevo comienzo es tomar en nuestras manos el poder de empezar a escribir en una hoja en blanco.

Cuando ponemos punto final a una historia, tenemos la oportunidad de escribir otra completamente nueva. Recuerda que no empiezas desde cero, porque ahora lo haces con todo el conocimiento y la sabiduría que te han dejado las experiencias pasadas. El camino ya lo has trazado tú.

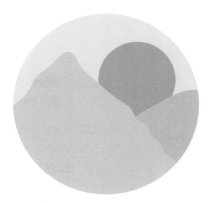

Aventúrate a explorar todas tus emociones y a reconocerte en ellas. Imagina todo lo que está por escribirse en tu vida: nuevas experiencias, aventuras y aprendizajes. No tengas miedo de escribir tu nueva historia. Quedan muchos capítulos por delante.

No tengas miedo de volver a empezar

Esta es tu oportunidad de hacer todo diferente. Escribe tu nueva historia; pregúntate:

En este nuevo capítulo de mi vida...

¿Qué me gustaría cambiar?

_____

_____

_____

_____

¿Qué quiero que siga igual?

_____

_____

_____

_____

¿Qué nuevas aventuras quiero vivir?

_____

_____

_____

_____

III. ENCUENTRA EL LADO AMABLE DE LA VIDA

A veces las cosas más sencillas pueden cambiar nuestro día.

El día de hoy reconoce los pequeños detalles que le dan alegría a tu vida; es ahí donde se esconde la verdadera magia, donde se experimenta la felicidad. Esos instantes siempre están disponibles para sacarnos una sonrisa y alegrarnos.

Agradece el sonido de la lluvia, aprecia el atardecer, escucha tu canción favorita y disfruta las grandes conversaciones que puedas tener con tus seres queridos. Crea hábitos en tu rutina que disfrutes y encuentra momentos para hacer cosas que realmente te hagan sentir bien. No les quites poder a los actos de amor que haces por ti; todos los detalles, por más pequeños que parezcan, hacen toda la diferencia.

La magia se esconde en los pequeños placeres de la vida...

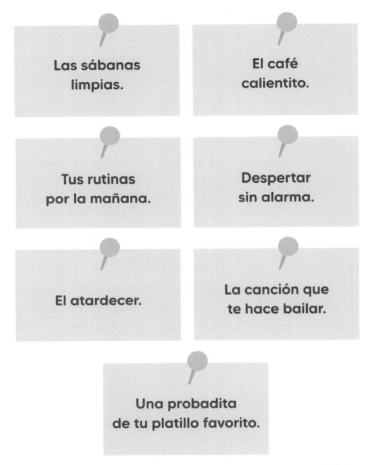

Las sábanas limpias.

El café calientito.

Tus rutinas por la mañana.

Despertar sin alarma.

El atardecer.

La canción que te hace bailar.

Una probadita de tu platillo favorito.

¿Cuáles son los pequeños placeres que te hacen feliz?

_____

_____

Conecta los puntos

A veces algo tan sencillo como eso que disfrutabas en tu infancia tiene el poder de alegrarte el día. Conecta los números, ya sabes lo que sigue:

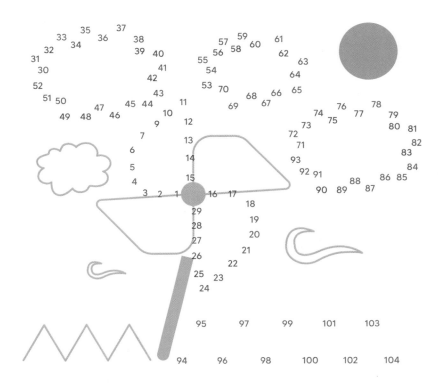

Una vida en promedio dura 4,000 semanas

Tu tiempo y tu energía son lo más valioso que tienes.
¿Cómo, con quién y en qué los inviertes?

¿Cómo los inviertes actualmente?

_____

_____

_____

_____

¿Qué cambios te gustaría hacer?

_____

_____

_____

_____

¿Con cuál puedes empezar desde hoy?

_____

_____

_____

_____

Vive cada día presente y consciente

A menudo creemos que la felicidad es encontrar una pareja, tener dinero, éxito, etc. Pero la verdadera felicidad no es otra cosa que sentirte bien y en paz con lo que tienes y el lugar en el que estás. Y lograr eso es mucho más fácil de lo que parece.

Aquí algunas ideas:

Disfruta lo que tienes hoy, en el momento presente.

Enfócate en lo que hay, no en lo que falta.

Piensa en posibles soluciones, no en el problema.

Haz diariamente algo que te emocione.

Identifica el aprendizaje que te trae cada situación.

Agradece por lo que hay en tu vida.

Felicítate por todo lo que has logrado en el pasado.

Haz cosas por el simple gusto de hacerlas.

Cuida de ti.

Rodéate de personas divertidas.

Suelta el control, fluye.

No supongas, pregunta.

No te tomes la vida tan en serio.

Celebra todo, lo grande y lo pequeño.

Conócete, ámate y disfruta de ser tú.

¿Qué otras ideas se te ocurren?

_____

_____

_____

_____

_____

_____

_____

_____

_____

DESPERTANDO

HÁBITOS

¿QUÉ DICEN TUS HÁBITOS DE TI?

Tus hábitos son la forma en la que te desenvuelves en el mundo y determinan, en gran medida, la calidad de tu vida.

Piensa en lo que haces todos los días sin que te des cuenta, eso que ya no cuestionas y que llevas a cabo de forma automática solo porque siempre lo has hecho así: bañarte en las mañanas, dormir a cierta hora o incluso tener tus espacios organizados.

I. ELIGE TUS HÁBITOS

Haz una lista de tres nuevos hábitos y rutinas que te gustaría añadir a tu vida y recórrela punto por punto.

Lista de tres nuevos hábitos que quiero adquirir:

1.

2.

3.

Puedes empezar con cosas sencillas como cocinar algo nuevo, tomar un taller o escuchar música diferente. Prueba cómo te sientes con cada una de estas prácticas, deja ir las expectativas y decide si es algo que te funciona, que cabe en tu estilo de vida y que te hace sentir bien. Lo importante es trabajar en tu crecimiento día con día.

Al momento de plantearte nuevos retos, ve paso a paso y tómalo con calma. No quieras comerte el mundo de un bocado; date permiso de recorrer este camino con tranquilidad, compasión y confianza.

Para lograr un cambio no necesitas empezar de cero. Haz cosas sencillas y verás cómo poco a poco tu vida va tomando un color diferente.

Cambiar tus hábitos y adquirir nuevos no es un proceso fácil; requiere mucha disciplina, pero, si te lo propones, será mucho más sencillo y verás cómo lograrás sacar una mejor versión de ti.

Supongamos, por ejemplo, que quieres tener una rutina de sueño que apoye mejor tu descanso. ¿Cómo puedes lograrlo?

1. **Cambia un solo hábito a la vez.**

Proponte, por ejemplo, estar en la cama no más tarde de las 10 de la noche.

2. **Establece metas pequeñas y específicas.**

En lugar de decir «Voy a dormir ocho horas al día», cambia a: «Me comprometo a dormir ocho horas al día, al menos durante el fin de semana».

3. **Anticipa los tropiezos que te impedirán cambiar el hábito y define un plan para evitarlos.**

Si sabes que el viernes en la noche tienes una fiesta y que, por lo tanto, te acostarás tarde, asegúrate de no programar ningún compromiso en la mañana del sábado, de modo que puedas cumplir con dormir las ocho horas que te prometiste.

4. Ten recordatorios que veas todo el tiempo.	Pon una alarma en tu celular 30 minutos antes de tu hora establecida para irte a la cama, así tendrás tiempo de hacer lo que haga falta antes de acostarte.
5. Busca apoyo en otras personas que hayan logrado cambiar de hábito.	Pregúntale a alguna amiga que tenga una buena rutina de sueño qué tips puede darte para lograr lo mismo.
6. Acude a fuentes de motivación.	Empieza a seguir en Instagram o TikTok a médicos y *coaches* de sueño.
7. Haz seguimiento de tu progreso.	Comienza un diario donde registres cómo se siente tu cuerpo y tu mente cada vez que logras o que no logras tu rutina de sueño.
8. Celebra tus pequeños logros.	Regálate un masaje o algo similar tras el primer mes de iniciar tu nuevo hábito.

Nota: El ejemplo de la rutina de sueño es solo eso, un ejemplo. Puedes aplicar los pasos de la columna izquierda a cualquier hábito que desees modificar.

Ahora es tu turno. Rellena la columna derecha e idea un plan para lograr el hábito que para ti sea importante cambiar en este momento de tu vida.

1. Nuevo hábito.

_____
_____
_____

2. Establece metas pequeñas y específicas.

_____
_____
_____

3. Anticipa los tropiezos que te impedirán cambiar el hábito y define un plan para evitarlos.

_____
_____
_____

4. ¿Dónde puedes poner recordatorios que veas frecuentemente?

_____
_____
_____

5. ¿Qué personas pueden apoyarte en adoptar este nuevo hábito?

_____

_____

_____

6. ¿Qué otras fuentes de motivación puedes encontrar?

_____

_____

_____

7. Ponte un recordatorio en una fecha cercana para monitorear tu progreso.

_____

_____

_____

8. Celebra tus pequeños logros.

_____

_____

_____

Diez hábitos que pueden ayudarte a sentirte bien

1. Toma pausas para respirar.

2. Mantén tus espacios limpios.

3. Entra en contacto con la naturaleza.

4. Activa y mueve tu cuerpo.

5. Regresa al momento presente.

6. Cuida tus horas de sueño.

7. Usa una agenda y organízate.

8. Ahorra un porcentaje de tus ingresos.

9. Agenda mínimo 30 minutos para ti al día.

10. Agradece cada día por algo de tu vida.

Recuerda que nunca es tarde para...

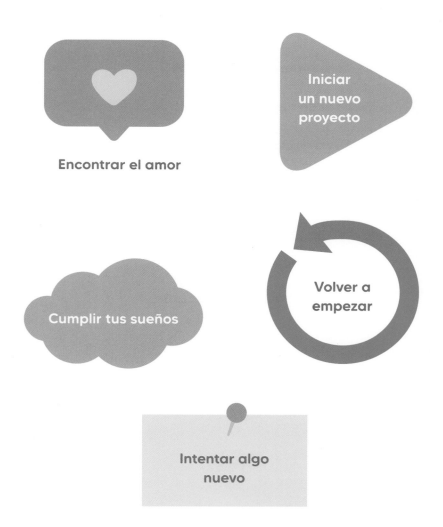

Encontrar el amor

Iniciar un nuevo proyecto

Cumplir tus sueños

Volver a empezar

Intentar algo nuevo

Aprende a manejar el estrés

¿Alguna vez te ha pasado?

Sientes un desgaste
físico y emocional que
no puedes explicar.

Tienes una sensación
de agotamiento constante.

Tienes problemas
de concentración.

Puede que sea AGOTAMIENTO o *BURNOUT*.

¿Qué es el *burnout*?

El *burnout* es un estado de desgaste físico y emocional en el que nuestro cuerpo y nuestra mente están estresados y cansados de forma crónica.

Sus síntomas pueden ser:

Sensación de agotamiento.

Problemas de concentración.

Nerviosismo constante.

Niveles bajos de autoestima.

Bajo rendimiento.

Dolores de cabeza.

Insomnio.

¿Te suena familiar?

¿Qué hacer para evitar el *burnout*?

Establece límites contigo y con las demás personas.

Aprende a decir «no».

Pide ayuda y delega.

Prioriza tu salud y tu tiempo de descanso.

Equilibra el trabajo con otras cosas que disfrutes.

Establece prioridades.

Haz actividades que te tranquilicen.

Agrega ejercicio a tu rutina.

Vive presente y consciente.

Practica yoga o algún otro tipo de ejercicio físico que te relaje.

Cinco posturas para aliviar la tensión en tu cuerpo

Elige la que más te guste y practícala ahora mismo.

Conecta contigo

Abre tu aplicación favorita para reproducir pódcast y escucha un episodio de cinco minutos de *Despertando Podcast*. Regálate ese tiempo y procura enfocarte en el momento presente, tus sensaciones, tus pensamientos. Inhala, exhala, inhala, exhala...

Te dejamos algunas recomendaciones de episodios para hacerlo:

«La importancia del aquí y el ahora» - **Día 94**

«Descanso emocional» - **Día 19 Año 2**

«Hoy es perfecto para consentirte» - **Día 151**

«Lo mejor está por llegar» - **Día 61 Año 2**

«Desconéctate de todo» - **Día 164**

«Llévate la vida un día a la vez» - **Día 103 Año 2**

«Confía en tu poder personal» - **Día 191**

«No importa si hoy no es el mejor día de tu vida» - **Día 148 Año 2**

«Buscando mi paz mental» - **Día 228**

«Hoy me elijo a mí» - **Día 1 Año 2**

¿Cómo te fue?

APRENDE A
DESCONECTARTE
DEL MUNDO PARA QUE
PUEDAS CONECTAR
CON LO QUE DE
VERDAD IMPORTA.

Detecta tus ladrones de energía

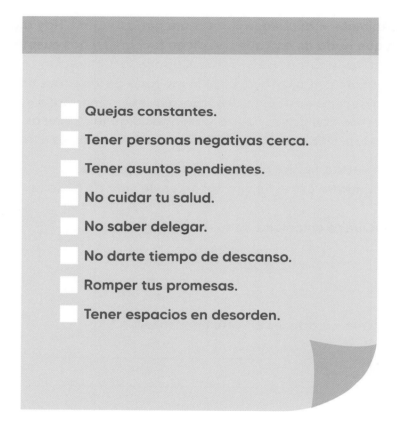

☐ Quejas constantes.

☐ Tener personas negativas cerca.

☐ Tener asuntos pendientes.

☐ No cuidar tu salud.

☐ No saber delegar.

☐ No darte tiempo de descanso.

☐ Romper tus promesas.

☐ Tener espacios en desorden.

II. MOTÍVATE

«¡Ánimo!», «¡tú puedes!», «¡échale ganas!»... 🙁. Hay días en que nada de eso que nos dicen funciona y nos cuesta hasta levantarnos de la cama. Cuando la motivación llega sola es fantástico, pero la mayoría de las veces nos toca hacer un esfuerzo extra para dar el primer paso y sentirnos con ganas. Quizá ya tengas algunas técnicas para lograrlo, pero, por si acaso, aquí te sugerimos otras.

Si te cuesta motivarte en las mañanas, prueba responderte estas tres cosas antes de salir de tu casa:

1. ¿Qué te emociona de tu día de hoy?

_____

_____

2. ¿Qué agradeces en este momento?

_____

_____

3. ¿Cuál es tu intención para este día?

_____

_____

Despertar es comenzar de nuevo

Toma conciencia de la forma en la que empiezas tus mañanas, pues cada acción que hagas en las primeras horas de tu día tiene un impacto en el resto de la jornada.

Puedes empezar por agradecer por todo lo bueno que tienes. Puedes dar gracias por tu salud, porque tienes un día más de vida, por tu cuerpo, por tu familia, por estar presente en este momento.

Te espera un día único en el calendario; un día que nunca más volverás a vivir. Jamás se repetirá esta fecha y nunca serás la misma persona que eres hoy.

ATESORA ESTE DÍA.

Escribe cinco razones para levantarte de la cama hoy:

1.

2.

3.

4.

5.

- ☐ Define un propósito.
- ☐ Crea un tablero de sueños.
- ☐ Diseña un plan de acción.
- ☐ Confía en ti y en que todo se acomoda.
- ☐ Celebra cada paso, por pequeño que parezca.
- ☐ Ten paciencia.
- ☐ Recompénsate con algún detalle.
- ☐ Recuerda que nada se construye en un día.
- ☐ Celébrate.

Si sientes que nada de esto te funciona y ya llevas mucho tiempo sintiéndote sin motivación y sin encontrar las ganas para seguir adelante, recuerda que hay profesionales de la salud que te pueden acompañar en tu camino y ayudarte.

No olvides que ser constante es una decisión que debes tomar a diario, está en ti levantarte y alcanzar tus sueños. Por eso es importante que encuentres formas de mantener tu motivación activa todos los días, y de tener buena actitud.

Prueba con algunas técnicas como escribir, meditar o simplemente visualizar tu meta antes de empezar tu rutina diaria. Tener una imagen que te ayude a conectar con tu intención ayudará a incrementar tu voluntad de levantarte y decidirte a actuar.

Toda meta tiene un trayecto previo que debemos recorrer para poder disfrutar la victoria. Y ese trayecto se construye todos los días.

INCLUIDO HOY.

169

Una persona motivada es una persona proactiva, es decir, lo contrario de una persona reactiva. Mientras que la primera hace las cosas teniendo en cuenta las consecuencias que sus acciones traerán a futuro, la segunda las hace sin pensar, solo en respuesta a algún estímulo externo.

Persona reactiva	Persona proactiva
Reacciona de manera impulsiva.	Acciona de forma premeditada.
Actúa a partir de estímulos externos.	Actúa a partir de motivaciones internas.
Espera a que alguien le diga cómo debe actuar.	Sale y hace lo que sabe que debe hacer.
No piensa en las consecuencias de sus actos.	Actúa con base en metas y con visión a futuro.
Hace el mínimo necesario.	Intenta superar las expectativas.

Domina el arte del aburrimiento

Solemos asociar el aburrimiento con algo negativo, pero no lo es. De hecho, si lo piensas bien, aburrirse es un terreno fértil para despertar la creatividad, dejar que tu mente y tu cuerpo descansen y conectar contigo. Incluso puede servirte de impulso para iniciar nuevos retos o para motivarte a cambiar de rumbo.

Los momentos de pausa y silencio nos obligan a ir hacia adentro, a escuchar nuestros pensamientos, sueños e ideas. Aprovéchalos para conocerte mejor, reflexionar y buscar respuestas en tu interior.

Cuando te aburres, abres las puertas a la creatividad porque le estás dando a tu mente la libertad de divagar y fluir. No la estás saturando con pendientes ni estrés; en cambio, le entregas una hoja en blanco para que pueda hacer lo que quiera. Ese es el regalo del aburrimiento: nos brinda calma y claridad.

Así que hoy intenta ver los momentos de aburrimiento con esta nueva información, consciente de que en ellos

PUEDES ENCONTRAR GRANDES COSAS.

La productividad también es:

Hacer cosas por simple entretenimiento.

Estar a solas un rato.

Tomarte un día libre.

Salir a caminar.

Relajarte.

Descansar.

Encuentra tus fuentes de inspiración

Parece mentira, pero, aunque la inspiración está en todas partes, a veces nos cuesta encontrarla. Por eso es muy útil tener claro cuáles son nuestras fuentes de inspiración automáticas; esto nos permite acceder a ellas en cualquier momento que lo necesitemos.

¿Quién es tu mayor fuente de inspiración? ....

Contacta con esa persona de la manera que puedas.

¿Qué actividad te hace sentir vital? ....

Busca realizarla tan seguido como sea posible.

¿Qué canción te invita a crear? ....

Escúchala todas las veces que sea necesario.

¿Qué paisaje te llena?
....

Ve hasta allí, ten una foto del sitio en tu lugar de trabajo o míralo por Google Images.

¿Qué obra de arte te gusta?
....

Usa una imagen de ella como tu salvapantallas.

¿Qué amistades te hacen reír?
....

Procura verles al menos una vez por semana.

La curiosidad es el primer paso de todo lo que existe y es también la mejor medicina para mantenernos con la motivación en alto, pues estimula nuestra mente y abre nuestros horizontes.

1. ¿Qué temas despiertan tu curiosidad?

_____

_____

_____

_____

2. ¿De qué te gusta hablar, escuchar, leer, saber un poco más?

_____

_____

_____

_____

3. ¿Qué actividades puedes hacer sin darte cuenta de cuánto tiempo ha pasado?

_____

_____

_____

_____

Escucha pódcast
que te ayuden
a aprender
cosas nuevas.

Haz
preguntas.

Sal de tu
rutina.

Encuentra nuevas
formas de hacer
las cosas.

FORMAS DE
ESTIMULAR LA
CURIOSIDAD

Cambia tu
espacio de
trabajo.

Investiga sobre
temas que te
llamen la atención.

Intercambia opiniones
con gente que no conozcas
o que tenga visiones
diferentes a las tuyas.

Camina por una
ruta distinta.

Estimula tu cuerpo y tu mente de manera constante para potenciar tu creatividad; el objetivo es que, con el tiempo, sean ellos los que de manera automática tengan nuevas ideas. Por eso es tan importante salir, conocer el mundo y abrirte a todo lo que puede ofrecerte.

Ve en busca de aventuras, de gente nueva, de pláticas interesantes y de historias increíbles. Llena tu motor con ese combustible que hará volar a tu mente y exprésate, vuélvete un alma libre que viva el mundo desde su propia perspectiva y con sus propias reglas. Abrir tu panorama se sentirá como volver a nacer, notarás que la forma en la que vives será completamente distinta.

ABRE TUS ALAS Y DEJA VOLAR TU CREATIVIDAD.

Recuerda cómo veías el mundo cuando tenías cinco años: el asombro con el que admirabas todo lo que te rodeaba, la sensación de percibir magia en cada objeto nuevo, esas ganas de conocer y tocar todo lo que llamaba tu atención. Ahora tenemos la mente ocupada en tantas cosas que ni siquiera nos damos la oportunidad de admirar nuestro alrededor.

No te conformes con una versión de la vida que te limite. Haz las preguntas que necesites hacer y busca las respuestas que necesites escuchar. Piensa en todas las realidades que existen y lo poco que conoces de ellas. Cultiva tu curiosidad.

SAL Y EXPLORA EL MUNDO, BUSCA LAS PISTAS QUE TE MUESTREN EL CAMINO HACIA ESA VIDA QUE TANTO DESEAS.

Elige una de las siguientes actividades para estimular tu creatividad el día de hoy:

Leer un libro.

Ver un documental.

Salir a caminar.

Ir a un museo.

Escuchar música.

Escribir cómo te sientes o cómo estuvo tu día.

Ver una película de un tema que despierte tu interés.

Redecorar un espacio de tu casa.

Nota cómo cambia tu estado creativo antes y después de realizarla y escribe tu experiencia aquí:

_____

_____

_____

_____

_____

Cuando nos falta motivación,
tendemos a procrastinar.

EN OTRAS PALABRAS, DEJAMOS PARA MAÑANA LO QUE PODEMOS HACER HOY.

Esto no solo hace que nuestros pendientes se acumulen, sino que además terminamos esforzándonos más de la cuenta para completarlos en menor tiempo y con mayor tensión.

¿Te es familiar esta situación?

Test: ¿qué tanto procrastinas?

Circula la opción con la que te identifiques más para saber
tu resultado.

Cuando tengo algo complicado de hacer, me
convenzo de esperar hasta tener más inspiración.

A. Siempre   **B.** A veces   **C.** Nunca

Casi nunca logro terminar las cosas en el plazo de
tiempo que me planteé.

A. Siempre   **B.** A veces   **C.** Nunca

Casi siempre dejo las cosas para el final y estoy
corriendo por alcanzar las fechas límite.

A. Siempre   **B.** A veces   **C.** Nunca

> Cuando tengo un proyecto grande, me cuesta mucho trabajo encontrar por dónde empezar y dar el primer paso.

A. Siempre   **B.** A veces   **C.** Nunca

> Por lo general repito la frase «lo hago mañana».

A. Siempre   **B.** A veces   **C.** Nunca

Resultados

Mayoría de A: procrastinas mucho	**Mayoría de B: procrastinas de vez en cuando**	**Mayoría de C: casi no procrastinas**
Vale la pena buscar la forma de poner más orden en tu vida para volverte una persona proactiva y asertiva.	Puede ser que procrastines en ciertas áreas o en tareas específicas. Identifícalas y busca herramientas para resolverlas de forma más eficiente.	A lo mejor llegas a procrastinar en alguna ocasión, pero en general tienes una buena gestión de tu energía y un buen autocontrol.

Estrategias para dejar de procrastinar

1. **Empieza por realizar la tarea más tediosa o complicada:** de este modo tendrás la sensación de que ya te liberaste de ella y podrás seguir con un día más relajado.

2. **Aplica la técnica Pomodoro:** trabaja por 25 minutos seguidos sin distracciones y después date cinco minutos de descanso. Repite este ciclo cuatro veces y luego descansa por 30 minutos.

3. **Congélate y no hagas nada.** No hagas la otra actividad con la que te quieres distraer, detente por completo hasta que tengas la energía para retomar tus pendientes.

Método *score*

Si te cuesta trabajo encontrar inspiración y poner manos a la obra, este método hará todo más fácil. Responde las siguientes preguntas:

Síntoma
¿Cuál es el problema?

_____

_____

Causa
¿Qué está generándolo?

_____

_____

Objetivo
¿Qué quieres lograr?

_____

_____

Recursos
¿Qué herramientas tienes para solucionarlo?

_____

_____

Efecto esperado
¿Qué conseguirías si logras tu objetivo?

_____

_____

III. ALCANZA TUS METAS

La imaginación es la herramienta más poderosa para concebir tus sueños. Sin embargo, si no traes al plano material aquello que está en tu cabeza, corres el riesgo de que se quede en el mundo de las ideas para siempre.

Pero ¿cómo hacerlo? ¡Empieza con un tablero de sueños! Es decir, un lienzo donde a través de imágenes y palabras relacionadas con tu sueño puedas inspirarte a diario con estos elementos que representen tu plan a mediano, corto y largo plazos, y tu compromiso por concretarlo.

Puedes llenarlo con recortes de revistas o periódicos, puedes hacer los dibujos con tus propias manos, con palabras o impresiones. El punto es convertir el lienzo en blanco en una proyección visible de tus deseos.

¡INSPÍRATE Y MOTÍVATE A IR POR LO QUE QUIERES!

¡Nada es tan urgente como parece!

Aprende a diferenciar lo urgente de lo importante. Si no sabes cómo, este ejercicio te puede ayudar:

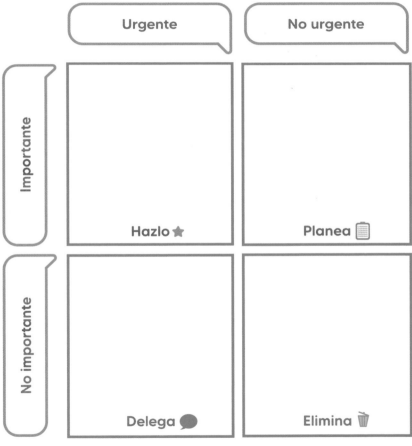

*Matriz de Eisenhower

Pasos para lograr tus metas diarias

Organízate

Visualiza lo que quieres lograr y piensa en qué pasos tienes que dar para llegar ahí.

Ponte retos

Proponte correr nuevos riesgos para conocer nuevas partes de ti.

Motívate

Presta atención a las cosas que te dices, háblate con paciencia y procura que tus pensamientos eleven tu estado de ánimo.

EL MOMENTO PERFECTO NO EXISTE, LO CREAS TÚ.

Sal de tu zona de confort

Quedarte en tu lugar cómodo y seguro probablemente te garantice muchos días tranquilos y te ahorre ciertas dosis de sufrimiento; sin embargo, lo cierto es que también te puede privar de muchas otras cosas, entre ellas, conocer nuevas personas, explorar el mundo, tener experiencias novedosas y la oportunidad de perseguir tus sueños. En otras palabras, te privarás de vivir a plenitud.

Tu zona de confort puede ser un lugar muy lindo y seguro, pero la verdad es que las cosas más maravillosas de la vida se encuentran cuando te atreves a salir de ahí.

AVENTÚRATE A SALIR DE TU BURBUJA Y DESCUBRE TODO LO QUE TE ESPERA.

Razones para salir de tu zona de confort

De seguro has oído a mucha gente decir que es necesario salir de tu zona de confort para crecer, pero ¿en verdad sabes por qué?

Porque...

Te hace más fuerte.

Puede ayudarte a mejorar tu autoestima.

Descubres nuevas emociones.

Pones en marcha tu creatividad.

Vives nuevas experiencias.

Activas una versión de ti que no conocías.

Conoces a nuevas personas.

Te das cuenta de todo lo que puedes lograr.

ZONA MÁGICA DONDE TODO ES POSIBLE.

ZONA DE CONFORT

Ideas para salir de tu zona de confort

1. Dentro de tu rutina diaria, realiza alguna actividad que te rete, por ejemplo, caminar por otra calle rumbo al trabajo y detenerte en un nuevo lugar.

2. Fíjate un nuevo propósito cada día, puede ser algo tan sencillo como: «Hoy quiero agradecer algo en mi vida».

3. Visualízate celebrando una de las cosas que quieres lograr.

4. Cambia algún paso de tu rutina.

5. Llama a alguien con quien hace tiempo no hablas.

6. Invita a una persona que quieras conocer mejor a tomarse un café.

7. Haz un plan que por lo general no harías: ¿qué tal tomar una clase de cerámica?

8. Di que sí a una invitación que típicamente rechazarías.

¡SORPRESA! A LO LARGO DE NUESTRA VIDA, MUCHAS VECES LAS COSAS NO SALEN DE ACUERDO CON NUESTROS PLANES; AUNQUE PUEDA SER FRUSTRANTE, TIENE UN ASPECTO POSITIVO: NOS EMPUJA A SER PERSONAS ADAPTABLES, A SABER REACCIONAR ACORDE A LA SITUACIÓN Y A SEGUIR NUESTRO CAMINO DE CRECIMIENTO.

Tips para adaptarte mejor

1. Considera que tus objetivos puedan lograrse por vías que no habías contemplado. Recuerda: las metas y los planes son flexibles.

2. Confía en que todo lo que ocurre es exactamente lo que tiene que ocurrir.

3. Mantente en modo receptivo ante otros puntos de vista y otros resultados posibles.

4. Ejercita la resiliencia.

5. Ten presente que nada es para siempre.

6. Sostén una actitud de curiosidad ante la incertidumbre.

7. Haz del cambio tu amigo.

Presentes y conscientes

Cuando prestamos atención a cada cosa que hacemos sin importar qué tan trivial sea, cuando tomamos acciones con intención y no de forma reactiva, cuando estamos alertas a lo que sentimos en cada momento, a lo que nos activa, nos motiva o nos emociona, estamos viviendo presentes y conscientes. Estamos viviendo plenamente.

¿Del 1 al 10, qué tan presente y consciente te sientes hoy? ....

¿Cómo podrías elevar tu número para vivir con más plenitud?

_____

_____

_____

_____

_____

_____

_____

_____

_____

Inicia este día presente y consciente. Entra en contacto con tus cinco sentidos, concéntrate en todo lo que está pasando a tu alrededor y pon atención a los pequeños detalles. Observa todo lo que te rodea. Pon atención a las formas, a los colores, a los tamaños de las cosas, analiza todo lo que tienes frente a ti. ¿Qué ves?

Regálate esos momentos. Simplemente se trata de conectar con lo que está sucediendo para que tu mente logre enfocarse en el aquí y en el ahora. Hoy proponte dar cada paso de forma presente y consciente, observa tu entorno, conecta contigo y usa esa información para activar tu intención y dejar de vivir en automático.

Diez hábitos para vivir presente y consciente

1. No evadir tus emociones.

2. Hacer una cosa a la vez.

3. Hacer cada actividad con atención.

4. Comer sin distractores.

5. Practicar la escucha activa.

6. Conectar con los cinco sentidos.

7. Leer con calma y atención.

8. Activar la curiosidad.

9. Cuestionar creencias.

10. Nutrir el cuerpo.

DESPERTANDO

RELACIONES

La vida se hizo para compartirse. Parte de nuestra naturaleza humana es la necesidad que tenemos de conectar con otras personas. Los días nublados son más llevaderos cuando alguien nos toma de la mano y nos acompaña. Los días soleados se multiplican cuando los compartimos.

UN ABRAZO, UNA PALABRA, UN MOMENTO COMPARTIDO CAMBIA LA MANERA EN LA QUE VEMOS LA VIDA Y, SOBRE TODO, CÓMO LA SENTIMOS.

I. CONSTRUYE RELACIONES AUTÉNTICAS

Piensa en una persona que hace tu mundo feliz en esta etapa de tu vida. Escribe su nombre en esta página y tómate un momento para hacerle saber a esa persona lo importante que es para ti. Puede ser tu pareja, alguna amistad, un familiar...

Querido/a

.... ,

Gracias por traer luz a mi vida y hacer mis días mejores.

HAY DE RELACIONES A RELACIONES: ALGUNAS SUMAN Y NOS AYUDAN A CONSTRUIR; OTRAS HACEN TODO LO CONTRARIO, NOS DEJAN SIN ENERGÍA Y NOS DRENAN.

Tener clara la diferencia es fundamental para elegir a las personas que queremos tener en nuestra vida, mejorar las relaciones que tenemos y dejar ir las que no nos hacen bien.

¿Tienes clara la diferencia?

Haz una lista de las cinco personas que más frecuentas hoy en tu vida.

Piensa en cada una de ellas y pregúntate:

Nombre	Del 1 al 10, ¿qué tanta conexión sientes hoy?	¿Qué te haría falta para sentirte en mayor comunión?	¿Qué acción puedes tomar hoy para acercarte a eso?
1.			
2.			
3.			
4.			
5.			

En una relación sana hay...

Disponibilidad emocional.

Libertad e individualidad.

Responsabilidad afectiva.

Equilibrio entre dar y recibir.

Límites claros.

Acuerdos definidos.

Disposición para resolver conflictos.

Independencia física, mental o emocional.

Gozo y disfrute.

Respeto, valoración y apreciación por ambos lados.

En una relación poco sana hay...

Miedo y desconfianza.

. . . .

Eliminación parcial o total de los mundos y espacios individuales.

. . . .

Juicio, crítica o reproches.

. . . .

Desequilibrio entre lo que se da y lo que se recibe.

. . . .

Actitud de «todo se vale» disfrazada de amor incondicional.

. . . .

Poca claridad sobre el tipo de compromiso.

. . . .

Inclinación a los conflictos.

. . . .

Codependencia.

. . . .

Drama o sufrimiento.

. . . .

Faltas de respeto, menosprecio o maltrato de cualquier tipo (emocional, psicológico, físico, verbal).

¿Sabías que hay una gran diferencia entre amor y apego?

AMOR

Es saber dejar ir, saber vivir en paz desde nuestra soledad y lograr apreciar la compañía de otra persona desde la gratitud.

APEGO

Es una necesidad física y emocional a otra persona que surge de nuestras inseguridades y del miedo a la soledad.

El amor dice:

Toma.

Somos libres.

Valoro que me elijas.

Te amo.

El apego dice:

Dame.

Nunca me abandones.

Me perteneces.

Te necesito.

El mejor regalo que les puedes dar a las personas es tratarlas con gentileza y cariño.

Haz a un lado la negatividad y baja la guardia por un momento. Conecta desde el amor con cada una de las personas que tienes cerca. Intenta ver su luz y observa cómo se refleja en ti. Enfócate en lo que les admiras y puedes aprenderles. Hay que recordar que todas las personas somos seres humanos y que cada quien está enfrentando pequeñas y grandes batallas de las que quizá no sepas nada.

ACTÚA DESDE LA AMABILIDAD Y LA COMPASIÓN.

Pon tu granito de arena para crear comunidades armoniosas, con lazos significativos que surjan desde un lugar de amor.

Cada vez que interactúas o compartes un espacio con otra persona, inevitablemente te vinculas con ella. Sin importar qué tan larga o profunda sea la relación que establezcan, se genera un intercambio en el que se impactan de forma mutua. Tu efecto en la otra persona puede ser una cicatriz dolorosa cuando actúas desde el miedo, o una huella positiva cuando lo haces desde el amor y el cuidado.

SOLO POR HOY...

PROCURA QUE
CADA UNA DE
TUS PALABRAS Y
ACCIONES SURJAN
DESDE UN LUGAR
DE AMOR.

PARA
PODER
RECIBIR

HAY QUE
SABER
DAR

Los lenguajes del amor

Cada quien tiene maneras completamente diferentes de expresar el afecto y de estar ahí para las personas que son importantes en su vida. Según explica Gary Chapman en su libro *Los 5 lenguajes del amor*, hay quienes lo hacen a través de las palabras de afecto o el contacto físico y hay otras personas que lo hacen por medio de los actos de servicio, el tiempo de calidad o los regalos.

Reconocer cuál es tu lenguaje de amor te permitirá entender que hay personas que te demostrarán su cariño de una forma diferente a la que esperas y que eso está bien.

TAMBIÉN TE AYUDARÁ A CONOCERTE MEJOR PARA RELACIONARTE CON QUIENES AMAS DE FORMA MÁS SENCILLA.

¿Sabes todas las formas en que alguien puede expresar su amor?

1
Con palabras

2
Por contacto físico

3
Dándote tiempo de calidad

4
Regalándote algo

5
Ayudándote cuando lo necesites

De todas estas, ¿cuál es la forma en que más te gusta recibir amor? _____

¿Y darlo? _____

Quiz

Identifica la manera en que expresas y entiendes el amor de las demás personas, eligiendo en cada caso la respuesta que más te represente.

1. Para mí es más importante que mis seres queridos...

A. Me abracen.
B. Me den regalos o detalles.
C. Me hagan un cumplido.
D. Se ofrezcan a hacerme un café por la mañana.
E. Dediquen el fin de semana a estar conmigo.

2. Cuando quiero demostrarle a alguien que lo aprecio...

A. Lo abrazo.
B. Le compro algo que sé que le va a gustar.
C. Le digo lo importante que es para mí.
D. Le hago algún favor o detalle que sé que apreciará.
E. Le propongo pasar tiempo juntos.

3. El día de mi cumpleaños, lo que más me gusta es...

A. Que me mimen, acaricien y abracen.
B. Que me regalen cosas.
C. Que me digan lo especial que soy en la vida de las personas.
D. Que los demás se encarguen de organizarme una celebración.
E. Que mis seres queridos busquen tiempo para estar conmigo.

4. Me es más natural comunicar mi amor con...

A. Demostraciones físicas.
B. Regalos.
C. Palabras.
D. Favores.
E. Tiempo compartido.

Si marcaste la opción **A** en todas las situaciones, la forma en que más te gusta recibir o dar amor es a través del contacto físico; si marcaste la **B**, tu lenguaje del amor son los regalos; si marcaste la **C**, son las palabras de afecto; si marcaste la **D**, son los actos de servicio; y por último, si marcaste la **E**, tu lenguaje del amor es el tiempo de calidad. (Puede ser que te identifiques con más de uno).

Ahora que tienes presente esta información, trata de fluir más con las formas en que otras personas te demuestran su amor. Encontrarás mucha magia en pequeños detalles o momentos.

Recuerda que no hay una sola forma de amar y de demostrar nuestro afecto a quienes queremos.

DATE PERMISO DE EXPLORAR NUEVAS MANERAS DE QUERER Y DE ESTAR AHÍ PARA QUIENES TE RODEAN.

Otras formas de decir «Te quiero»:

«Esta canción me recordó a ti»

«Me avisas cuando llegues»

«Ya tengo ganas de verte»

«Te traje este postre que sé que te gusta»

«¡Vamos! Yo te invito»

«¿Ya viste este meme?»

«Te espero para ver el próximo capítulo»

«¿Te gusta? Te lo regalo»

¿Qué otras formas se te ocurren de decir «Te quiero»?

_____

_____

_____

Elige una de ellas y ponla en práctica hoy con una persona especial en tu vida.

¿CUÁL ES EL MOMENTO PERFECTO PARA DECIR «TE AMO»?

¡CUANDO LO SIENTAS!

Las relaciones son un gran lugar de aprendizaje. Es gracias al contacto con las otras personas que podemos crecer, conocernos y evolucionar.

Escanéate por un momento y pregúntate: ¿qué estoy aprendiendo hoy en mi relación con...?

Mi familia:
_____
_____
_____
_____
_____
_____

Mi pareja (si la hay):
_____
_____
_____
_____
_____
_____

Mis amigos y amigas:
_____
_____
_____
_____
_____
_____

Mis colegas:
_____
_____
_____
_____
_____
_____

Fact: la vulnerabilidad es la clave de las relaciones auténticas

Durante mucho tiempo nos dijeron que abrir nuestro corazón, mostrar nuestras emociones y revelar nuestro yo más profundo era un signo de debilidad. Ser vulnerable no era muy popular que digamos. Pero cada vez es más claro que mostrarnos tal cual somos y permitir que las personas que nos rodean también lo hagan es la única manera de conectar a un nivel honesto y duradero.

¿PUEDO REALMENTE CONECTAR CON ALGUIEN SI NO LE MUESTRO QUIÉN SOY DE VERDAD?

¡Quítate la armadura! Practica hoy el ser vulnerable con alguno de los elementos de esta lista:

Solicita ayuda en algo que necesites.

Pide un consejo a alguien a quien admires.

Comparte alguno de tus temores con un ser querido.

Cuéntale alguno de tus sueños a alguien que no conozcas.

Dile a alguien lo mucho que lo quieres.

Pide perdón de forma sincera.

La **empatía** es la emoción que nos permite conectar con otras personas aunque nos encontremos en orillas distintas del río. La empatía es...

Tomar conciencia de las emociones y necesidades de las demás personas.

Hacer un esfuerzo por comprenderlas.

Evitar juzgar sus emociones o acciones.

Saber que no hay que vivir o sentir exactamente lo que está pasando alguien más para acompañarlo.

NO NECESITAMOS RELACIONES PERFECTAS, NECESITAMOS CONEXIONES REALES.

¿Qué es la responsabilidad afectiva?

Todas las personas son distintas, tienen diferentes formas de expresarse y de entregarse. Por eso es importante tener responsabilidad afectiva y comunicar lo que ocurre en una relación, en lugar de solo lavarnos las manos cuando algo sucede, como si no jugáramos parte en la historia de la otra persona.

Nuestras acciones tienen un efecto dominó e impactan en la vida de las personas con las que nos relacionamos; así pues, es importante entender que sí generamos un impacto con lo que hacemos y dejamos de hacer, con lo que decimos y dejamos de decir.

Eso es lo que se llama «responsabilidad afectiva», lo que pasa en una relación cuando te haces consciente de que tus decisiones, palabras y acciones afectan a la otra persona de una u otra manera.

Es tener espacios de comunicación abierta en los que las dos partes son honestas y expresan con claridad qué buscan y esperan de la relación, son capaces de llegar a acuerdos mutuos y conocen la forma en que cada persona está viviendo esa relación.

Es trabajar en conocernos mejor a nosotros mismos y a las personas con las que estamos en relación para construir una conexión sana, auténtica y responsable.

Las personas responsables afectivamente...

Son conscientes
del tipo de relación
que eligen tener.

Ponen límites claros
y sanos para después
respetarlos.

Son conscientes
del efecto que tienen sus
palabras y acciones en
las personas que
las rodean.

Expresan sus
emociones e intenciones
de forma clara.

Se relacionan desde
la empatía y compasión
con otras personas.

Entienden que no pueden
controlar lo que pasa,
pero pueden controlar
cómo reaccionar.

Pero ¡cuidado! La responsabilidad afectiva no debe conducirte a la culpa. Cuidar de las otras personas no es lo mismo que pasar por encima de ti y de tus principios. Nunca te sientas culpable por:

- Decir «no» cuando no quieres hacer algo.
- Enfocar tu tiempo y energía en ti.
- Poner límites a quienes te rodean.
- Expresar tu punto de vista.
- Eliminar de tu vida lo que te hace daño.

La culpa aparece cuando:

No cumplimos las expectativas de alguien más.	No cumplimos nuestras propias expectativas.

Cometemos un error.

En cualquiera de los tres casos, la culpa es una emoción que muchas veces no nos permite continuar, debido a que nos castigamos una y otra vez por errores o fallas que cometemos. Es una actitud que puede orillarnos al victimismo, pues no es proactiva, nos aleja de la responsabilidad afectiva y nos impide aprender de nuestros errores para evolucionar.

Entonces, ¿qué puedes hacer cuando aparezca la culpa?

Sigue estos cuatro pasos y transfórmala en una emoción útil para ti y las personas involucradas:

1. **Pregúntate**

   «¿Por qué siento culpa?»

2. **Analiza**

   «¿De verdad me equivoqué o solo me siento mal por haber defraudado a alguien?»

3. **Actúa**

   Si te equivocaste, toma responsabilidad por tus acciones, pide perdón en caso de que sea necesario y repara el error como mejor puedas.

4. **Interioriza**

   Toma conciencia del aprendizaje que te deja esta situación.

RECORDATORIO

NO ES TU RESPONSABILIDAD...

- QUE TODO EL MUNDO ESTÉ BIEN.
- CARGAR CON PESOS QUE NO SON TUYOS.
- RESOLVER PROBLEMAS AJENOS.
- HACER FELIZ A TODA LA GENTE QUE TE RODEA.

¿Quién viene a tu mente cuando piensas en las siguientes palabras? Escribe su nombre.

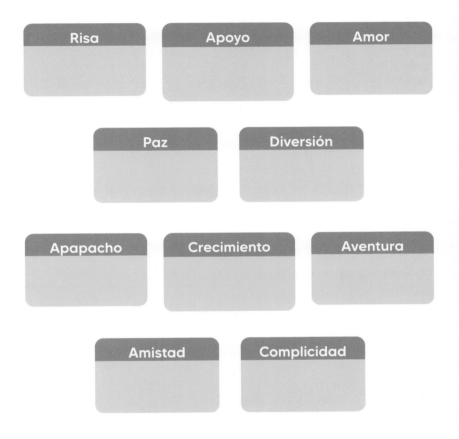

Risa

Apoyo

Amor

Paz

Diversión

Apapacho

Crecimiento

Aventura

Amistad

Complicidad

Apóyate en esta lista cuando necesites recordar que no estás solo o sola. Tienes una red de personas que llenan de forma positiva tu vida.

¡Adiós a las expectativas!

Lo hacemos todo el tiempo: nos inventamos una idea de lo que es una persona y esperamos que todo lo que haga, diga o sienta corresponda a esa idea que es SOLO nuestra. Y si un día ocurre que su comportamiento se sale de la cajita donde la habíamos puesto, nos molestamos e incluso nos decepcionamos. Debemos tener presente que las personas no tienen la obligación de encajar en nuestra película.

El mundo rara vez coincidirá con tus expectativas y aferrarte a ellas solo te traerá frustración, así que atrévete a soltarlas con amor y déjate llevar por el flujo de la vida. Confía en que pasará lo mejor y que el universo te llevará por el camino correcto.

Para aprender a soltar estas expectativas, empieza por conectar con tu corazón. Pregúntale qué es lo que en verdad quiere en esta vida. No te guíes por lo que alguien más te dice, o por el concepto de felicidad de otras personas;

GUÍATE POR LO QUE HACE VIBRAR A TU CORAZÓN.

Algunas expectativas comunes:

Esperar que las demás personas te lean la mente, sepan lo que quieres y necesitas.

Esperar que entre tú y tus seres queridos no haya ninguna discusión o conflicto.

Esperar que tu pareja llene tus vacíos y te haga feliz.

Esperar que las personas satisfagan tus necesidades.

Esperar que quienes te quieren estén siempre disponibles para ti.

Esperar que tu pareja se interese por todas las cosas que te interesan a ti.

Esperar que las personas cercanas nunca cambien y tu relación con ellas permanezca igual.

LA FORMA EN QUE
TÚ INTERPRETAS EL MUNDO
NO ES IGUAL A LA FORMA
EN QUE LO HACEN LAS
DEMÁS PERSONAS.
CUANDO ENTIENDES
Y ACEPTAS ESO,
PUEDES RESPETAR LAS
OPINIONES AJENAS
Y SABER QUE SON TAN
VÁLIDAS COMO
LAS TUYAS.

AMA A LAS PERSONAS
POR LO QUE SON,
NO POR LA VERSIÓN
QUE CREASTE DE ELLAS
EN TU CABEZA.

Manual rápido para apoyar a una persona que amas en momentos difíciles

En vez de...	Mejor...
Dar por hecho que sabes cómo ayudarle.	Pregúntale qué necesita en ese momento.
Juzgar la situación.	Simplemente escucha.
Buscar soluciones o respuestas.	Acompáñale, muchas veces solo necesitan desahogarse.
Dar consejos.	Haz preguntas que le guíen a cuestionarse qué puede hacer.
Adoptar y reforzar sus emociones de tristeza, rabia, angustia, ansiedad, etcétera.	Mantente en la neutralidad. Que tu mirada le ayude a ver desde otro lugar.
Decirle cosas como «Ánimo», «Échale ganas», «No estés mal», «Cambia esa cara», «¿Por qué te pones así por eso?».	Dile cosas como «Estoy contigo», «¿Cómo te sientes hoy?», «¿Cómo te puedo ayudar?», «Te entiendo», «Estoy aquí para cuando quieras hablar».

Tips para dar un buen consejo

- Da tu opinión solo si te la piden.

- Evalúa si lo que la otra persona necesita es un consejo o simplemente tu compañía.

- No des el consejo pensando en lo que tú harías, siendo quien eres y estando en tus circunstancias. Piensa lo que está bien para la otra persona según su sensibilidad y contexto.

- En lugar de decir lo que tú harías, ayúdale a la otra persona a encontrar sus propias respuestas con preguntas como: «¿Qué se sentiría mejor para ti en el largo plazo?», «Si no tuvieras miedo, ¿qué harías?», «¿Cómo se siente tu cuerpo cuando piensas en esa opción?».

Antes de iniciar una relación de cualquier tipo conviene revisar si tanto tú como la otra persona están emocionalmente disponibles para hacerlo.

Una persona emocionalmente disponible...

Está en contacto con sus emociones y está abierta a compartirlas con alguien más.

No tiene miedo a involucrarse con otras personas.

Se permite ser vulnerable frente a quienes le inspiran la confianza para hacerlo.

Se comunica de forma clara, directa y honesta.

Puede comprometerse y cumplir los acuerdos que hace con las demás personas.

Tiene claro lo que trae a la mesa.

Deja que la otra persona se muestre tal como es.

Revisa la lista anterior y pregúntate si las dos partes cumplen con todas o la mayoría de ítems.

Hoy, recuerda a la gente que te sostiene.

Agradécele a
....
por estar cuando
necesitabas un consejo.

Agradécele a
....
por estar cuando
tuviste un mal día.

Agradécele a
....
por estar cuando
necesitabas reír.

Agradécele a
....
por estar cuando
necesitabas un
hombro para llorar.

Agradécele a
....
por estar cuando
necesitabas una
dosis de realidad.

Tómale una foto a la frase que más resuene contigo hoy y envíasela a alguien especial.

Por si no te lo había dicho:

HACES QUE MI VIDA SEA ≷MÁS LINDA≷

Por si no te lo había dicho:

LLENAS MIS DÍAS DE RISA ≷Y ALEGRÍA≷

Por si no te lo había dicho:

ME ENCANTA ≷COMPARTIR≷ MI VIDA CONTIGO

Por si no te lo había dicho:

GRACIAS POR DEJARME ≷AMARTE≷

II. APRENDE A DECIR LAS COSAS **DIFÍCILES**

En cualquier relación (pareja, amistad, familia, laboral...) hay momentos de tensión, conflicto o disgusto. Y esto es normal, toda relación necesita confrontación y conversaciones incómodas para crecer. Lo importante no es que no haya desencuentros, sino aprender a solucionarlos.

Evadir las cosas no hará que todo desaparezca por arte de magia, solo dejará las cosas sin resolver. Debemos normalizar sentir cierto grado de malestar de vez en cuando, hay que hacer las paces con la idea de que las cosas no pueden estar bien todo el tiempo.

Recuerda que la luz también necesita de la oscuridad para brillar, cada momento y cada emoción llegan a ti por algo.

Tips para resolver conflictos

Elige tus batallas; no todo amerita una discusión.

No actúes de forma visceral. Respira, date un espacio y piensa antes de reaccionar.

No busques culpables, sino soluciones. En un conflicto, todas las partes tienen algo de responsabilidad.

Ábrete a escuchar y entender puntos de vista diferentes.

Mantén claridad en tus mensajes y procura ir directo al grano.

No dejes que las cosas se acumulen ni traigas a colación hechos del pasado.

Si algo te molesta, dilo.

Si no estás de acuerdo en algo, exprésalo.

Habla desde la calma y la neutralidad.

No generalices, habla por ti: «Yo siento», «yo pienso».

Define tus límites

Cada quien conoce sus necesidades. Cada quien sabe con qué puede vivir y con qué no. Cada quien puede dar y necesitar cosas diferentes. Por eso es que no hay una receta para seguir, porque tus prioridades no son las mismas que las de alguien más.

LOS LÍMITES SON DISTINTOS PARA CADA PERSONA Y ESO ESTÁ BIEN.

Lo importante es que aprendas a detectar qué puede mejorar en tus relaciones y sepas poner un alto cuando sea necesario. Sin miedo. Es válido. Tú tienes que ver por ti y cuidarte más que a nadie. Primero preocúpate por nutrirte a ti y así podrás hacer espacio para alguien más. Establece tus prioridades y tus necesidades. Define tus límites. Acuérdate de que la manera como te tratas a ti es un manual para que las demás personas sepan cómo tratarte.

Quien no pone límites, se descuida y descuida lo que es importante para su persona y su relación. Por eso, aprender a decir «no» es una de las habilidades que debes adquirir si quieres tener una relación sana y auténtica.

¿Cómo poner límites?

Ponte como prioridad.

No te sientas culpable por hacerlo.

Olvídate del qué dirán.

Habla con la verdad.

No hagas algo que no quieras.

Decir...

- «No quiero».
- «Ahora no».
- «Hasta aquí».
- «Esto no se siente bien».
- «Hoy no puedo».

NO ES EGOÍSMO, ES AMOR PROPIO.

ES ESCUCHARTE Y CUIDAR LO QUE ES IMPORTANTE PARA TI.

Pasos para poner límites en tus relaciones

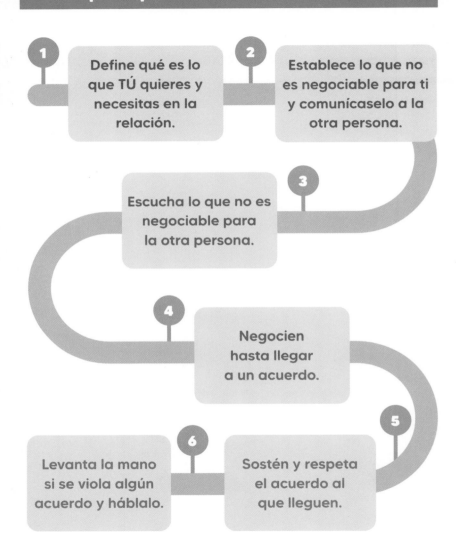

1 Define qué es lo que TÚ quieres y necesitas en la relación.

2 Establece lo que no es negociable para ti y comunícaselo a la otra persona.

3 Escucha lo que no es negociable para la otra persona.

4 Negocien hasta llegar a un acuerdo.

5 Sostén y respeta el acuerdo al que lleguen.

6 Levanta la mano si se viola algún acuerdo y háblalo.

Amor incondicional

Qué sí es	Qué no es
Aceptar a la otra persona por lo que es, sin querer cambiarla.	Aceptar que la otra persona pase por encima de ti, abuse de ti o se descargue contigo.
Poner límites y tener conversaciones difíciles con el objetivo de construir una relación más sana.	Aguantar en silencio, pasando por encima de tus límites.
Permitir a la otra persona expresar su individualidad y también expresar la tuya.	Perderte en la relación.

Formas asertivas de decir «no»

«Me encantaría ayudarte, pero en este momento no puedo»

«Gracias por haber pensado en mí, pero no puedo asistir»

«Suena muy bien el plan, pero hoy necesito descansar»

«No tengo ganas»

«No quiero hacerlo»

Cuando sabemos que hemos fallado en algo lo más sabio es pedir perdón. Esto no siempre es fácil, pero mientras más rápido actúes menos daño le causarás a la otra persona, a ti y a la relación.

Así es que, si tienes algunas disculpas que pedir, conecta con tu corazón y tu humildad y pídelas. Si tienes asuntos que perdonar, conecta con tu alma y dale permiso de dejarlos ir, busca las lecciones que traían consigo, intégralas, y poco a poco suelta todo que ya no te sirve.

RECUERDA QUE EL PERDÓN NO BORRA EL PASADO, SOLO HACE QUE VIVIR CON ÉL SEA ≥MUCHO MÁS FÁCIL.≤

Permítete enfocar tu energía en lo que viene y suelta todo aquello que te hace daño.

¿Por qué es importante pedir perdón?

Nos libera del pasado.

Nos ayuda a reconocer nuestros errores.

Nos quita un peso de encima.

Mejora nuestras relaciones.

Mejora nuestra salud mental y emocional.

Tres formas de pedir una disculpa sincera

Lo siento.

¿Hay algo que pueda hacer para corregirlo?

Me equivoqué.

Piensa en una persona con quien te hubiera gustado disculparte y hasta hoy no lo has hecho. Escríbele una disculpa aquí:

Querido(a) ....:

_____

_____

_____

_____

_____

_____

_____

_____

_____

_____

_____

_____

No tienes que compartirle lo que escribiste aquí, pero si te nace hacerlo, adelante.

III. FAMILIA

Para nadie es un misterio que muchas veces las relaciones más complejas las experimentamos con los miembros de nuestra familia. Y es normal. Pasamos demasiado tiempo conviviendo, nos conocemos en las buenas y en las malas, tenemos dinámicas preestablecidas y tenemos tanta confianza que a veces olvidamos tratarnos desde un lugar de cuidado y cariño.

¿Cómo describirías tu relación con cada uno de los miembros de tu familia?

Vínculo familiar	Relación

Revisa tus respuestas del ejercicio anterior y elige la relación que consideres que podría mejorar.

Escribe y lleva a cabo una acción que ayude a mejorar esa relación.

_____

_____

Crecimos pensando que a la familia se le debe de perdonar todo, que tener lazos de sangre con alguien más es un vínculo que nada ni nadie debe romper y es, por lo tanto, el más fuerte que tenemos en la vida. Pero no hay que olvidar que hay un vínculo aún más poderoso: el que tenemos con nosotros mismos. Así pues, es importante cuidar ese vínculo primero para poder relacionarnos en armonía. Ten la fuerza y la confianza de pedir lo que necesitas para tener relaciones sanas y funcionales, y al mismo tiempo, saber respetar lo que nos pidan.

¿Qué necesitas para sentir respeto y seguridad en tu sistema familiar?

_____

_____

_____

_____

_____

_____

_____

_____

_____

_____

La mayoría de las personas tenemos temas que sanar con papá y mamá. No importa si consideramos que fueron padres excepcionales, siempre hay «algo» que se cuela en nuestra vida adulta y condiciona nuestras relaciones con otras personas.

Sanar la relación con mamá y papá es el comienzo de un proceso muy grande de desarrollo y toma de conciencia. Transitar este camino nos ayuda a curar esa parte de nosotros que se siente herida.

Nuestra niña o niño interior, ese que busca amor y cuidados, empieza a sanar cuando deja de querer cambiar a su mamá o papá, y se concentra en su propio desarrollo. Cuando crecemos y nos damos cuenta de que podemos ser personas autónomas y cubrir nuestras propias necesidades es cuando empezamos a sanar.

ASÍ NOS DAMOS CUENTA DE QUE EL AMOR ⫸INCONDICIONAL⫷ VIENE DE ADENTRO.

Pasos para sanar la relación con tus padres o tutores

1. **Acércate.** Crea un espacio para el diálogo libre de exigencias y presiones.

2. **Sincérate.** Háblales de lo que te duele o te molesta. Cuida tus palabras, no hieras o señales. Solo comparte.

3. **Ten compasión.** Identifica sus carencias, sus creencias, la educación que recibieron, la vida que tuvieron y su perspectiva de vida. No tienes que comprenderlas ni compartirlas. Basta con verlas y reconocerlas.

4. **Perdona.** Entiende que hicieron lo que pudieron con lo que sabían.

5. **Perdónate.** Dile a tu niño o niña interior que estás aquí para sostenerlo(a), que está a salvo y que es seguro convertirse en adulto(a).

6. **Agradece.** Piensa en todas las cosas maravillosas que has heredado o aprendido de tus padres.

7. **Libera.** Suelta la necesidad de cambiar a tus padres, de tener su comprensión y reconocimiento, de sentir su aprobación para ser quien eres.

Nota: Si no puedes tener un diálogo directo con las personas involucradas, no te preocupes. Puedes recrear el espacio como si les tuvieras enfrente y seguir los mismos pasos. Muchos tipos de terapia y sanación trabajan de este modo y tienen los mismos beneficios positivos.

Tiempo de gratitud. Intenta hacer este ejercicio sin juicio. Seguramente habrá cosas que tus padres pudieron haber hecho de forma distinta, pero por ahora vamos a agradecer lo que sí recibiste.

Agradezco a mi madre o a la persona que me crio por...

1.
2.
3.

Agradezco a mi padre o a la persona que me crio por...

1.
2.
3.

Agradezco a mis hermanos(as) por...

1.
2.
3.

IV. LA AMISTAD

Nuestras amistades son un reflejo de lo que somos y de lo que podemos llegar a ser.

Esto se debe a que una amistad del corazón no solo nos da confianza y seguridad, sino que nos inspira y nos motiva a ser mejores personas. Nos acompaña en las altas y bajas de la vida.

En una amistad de corazón nos comunicamos desde el amor y la comprensión. Celebramos la autenticidad de cada uno y nos permitimos ser vulnerables. Sentimos empatía, respeto, admiración y un deseo genuino de que a la otra persona le vayan bien las cosas.

Y cuando alguna de esas cosas falla, sabemos perdonar, pedir perdón y comenzar de nuevo sin resentimientos. O, si es el caso, reconocer que es momento de decir adiós y emprender nuevos caminos, honrando la historia que compartimos, y soltar desde el amor y la gratitud.

INTENTA SER LA AMIGA O EL AMIGO QUE QUISIERAS TENER A TU LADO.

ADN de una buena amistad

Te escucha.

Está para ti.

Te sube el ánimo.

Te hace sentir especial.

Te habla con la verdad.

Se alegra por tus logros.

Te ayuda a potenciar tus cualidades.

Te recarga de energía.

Y tú... ¿has sido esa amiga o amigo para alguien más?

Escribe en la siguiente página los nombres de las cinco amistades que más frecuentas. Enfrente de cada nombre escribe qué aportas tú a esa relación y qué te aporta la otra persona. Por ejemplo: risa, profundidad, perspectiva, apoyo...

Nombre	¿Qué te aporta?	¿Qué le aportas?
1.		
2.		
3.		
4.		
5.		

GRACIAS POR
ESTAR. ERES LA
FAMILIA QUE
YO ELEGÍ. Y QUE
SEAS PARTE DE
MI VIDA LA HACE
MÁS LIGERA.

Conforme pasa el tiempo, muchas de las relaciones de amistad que hemos ido cultivando se empiezan a perder y dejamos de hacer nuevos vínculos. Por eso es necesario que empecemos a ponernos en situaciones en las que sea más fácil entrar en contacto con otras personas.

Inscríbete a una nueva clase o taller, practica algún deporte o incorpórate a grupos de un pasatiempo que te apasione. Se trata sencillamente de ampliar tu rutina para dar entrada a nueva energía y conectar con personas que compartan tus mismas pasiones.

V. LA PAREJA CONSCIENTE

¡NO CAIGAS EN LA TRAMPA DE LA MEDIA NARANJA!

Todas las personas romantizamos el amor en pareja alguna vez. Creemos que nuestra historia se tiene que ver igual que en las películas o ser como las historias que nos contaron, aquellas que alimentaron la idea del amor romántico, sobre todo esa narrativa que nos repetía que «el amor lo puede todo».

Hoy es momento de despertar, de darte cuenta de que no existen las medias naranjas porque ya somos seres completos. Replantéate lo que piensas acerca de cómo debe verse el amor y evalúa si se alinea con lo que eres y con lo que buscas en tus relaciones; olvídate de los mitos románticos y busca lo que a ti realmente te hace feliz.

NO EXISTE UNA SOLA FORMA DE AMAR.

El amor ya está en ti, y si te tomas de la mano con alguien es porque quieres compartir con esa persona todo lo que ya eres.

Mitos del amor romántico

Mito	Realidad
1. El amor todo lo permite.	Amar es saber poner límites y poder decir «hasta aquí» cuando alguien incumple sus acuerdos, te falta al respeto o te hace daño.
2. El amor es siempre pasional.	El verdadero amor también es paz y bienestar.
3. El amor ocurre a primera vista.	El amor se construye, es un proceso y toma tiempo.
4. El amor es lo único que se necesita.	Además de amor, se necesitan admiración, comunicación, compromiso, respeto y compatibilidad en sus planes.
5. El amor no espera nada a cambio.	En el amor debe haber reciprocidad, mutuo entendimiento, acompañamiento y aportación.
6. El amor es hacerlo todo en pareja.	En una relación saludable hay independencia, autonomía y espacios para estar contigo y para compartir con otras personas.

7. El amor es la unión de dos personas en una sola.	El amor son dos personas que se juntan para compartir desde su individualidad.
8. El amor no admite conflictos.	En una relación de pareja real hay desacuerdos. Lo importante no es que no los haya, sino saber gestionarlos.
9. El amor lo cura todo.	El amor sí, pero sobre todo el amor que tengas por ti. Una relación de pareja puede ayudarte, pero el trabajo de sanación tienes que hacerlo tú.
10. El amor es para siempre.	A veces. Otras veces termina y eso no significa que haya sido un fracaso, sino, simplemente, que esa relación ya cumplió su misión en nuestra vida.

¿Hay algún mito que quieras añadir?

_____

_____

_____

_____

_____

EN LUGAR DE BUSCAR
UN AMOR PERFECTO,
BUSCA UN AMOR
AUTÉNTICO Y CON
BUENA MADERA PARA
CONSTRUIR.

Preguntas para tu pareja

A veces, especialmente cuando nuestra relación va bien, dejamos que la propia inercia de los días nos vaya llevando y olvidamos detenernos a pensar y reflexionar sobre lo que estamos viviendo. Por eso, hacer un *check in* mensual con tu pareja puede ser de gran utilidad. Así puedes seguir construyendo tu relación de forma consciente y ver cómo se sienten ambas partes.

Reserva un espacio mensual con tu pareja y tomen turnos para responder las siguientes preguntas:

¿Qué es lo que más disfruté hacer contigo este mes?

¿Qué es lo que más he apreciado de ti en estas últimas semanas?

¿Qué área de nuestra relación necesita un poco más de atención?

¿Cómo se encuentra nuestra vida sexual y de qué maneras me gustaría mejorarla?

¿Qué puedo hacer yo y qué puedes hacer tú para aumentar la seguridad y la confianza en nuestra relación?

¿Qué me gustaría explorar contigo el mes que viene?

Nota: Para este ejercicio es importante abrir la mente y escuchar desde un lugar de apertura y amor. Lleguen a acuerdos que hagan sentir bien a ambas partes y comprométanse a cumplirlos. Repitan el ejercicio en un mes y celebren los avances.

El *check in* de pareja también
puede suceder todos los días...

PREGUNTAS PARA CONECTAR MÁS CON TU PAREJA ANTES DE IRTE A DORMIR:

¿CÓMO ESTUVO TU DÍA?

¿CÓMO TE SIENTES HOY?

¿CÓMO SE ENCUENTRAN TUS EMOCIONES?

¿QUÉ NECESITAS EN ESTE MOMENTO?

Hay veces en que nos enfocamos tanto en hacer funcionar una relación que perdemos nuestra individualidad en el intento. Para que eso no ocurra, debemos aprender a cuidar nuestro espacio personal, cultivar nuestras amistades, hacer tiempo para las actividades que disfrutamos y reservar algunos momentos para estar a solas. Esto será bueno para ti y para tu relación, pues al enfocarte en crecer en el plano individual te conviertes en una mejor pareja y puedes aportar mucho más a tu relación.

Piensa si de algún modo te has abandonado a ti por entregarte a tu pareja. ¿Qué compromisos harás contigo para evitar eso a partir de hoy?

_____

_____

_____

_____

_____

_____

_____

_____

_____

Señales de que puedes estar perdiéndote dentro de una relación y cómo evitarlo

1. Dejas de ir a eventos e invitaciones por estar con tu pareja.

Destina tiempo para ti.

· · · · · · · · · · · · · · · · · · · · · · · · · · · ·

2. Adoptas los intereses de la otra persona y dejas a un lado los tuyos.

Haz actividades sin la otra persona de manera ocasional.

· · · · · · · · · · · · · · · · · · · · · · · · · · · ·

3. Dejas de perseguir tus metas.

Haz tiempo cada semana para tus proyectos y pasatiempos.

· · · · · · · · · · · · · · · · · · · · · · · · · · · ·

4. Descuidas tus círculos familiares y sociales.

Busca un momento especial para conectar con tu red de apoyo.

· · · · · · · · · · · · · · · · · · · · · · · · · · · ·

5. Olvidas las cosas que eran importantes para ti.

Aprende a definir límites sanos y no te compres la idea de la media naranja.

Reflexiona sobre las siguientes preguntas y tenlas en mente a la hora de relacionarte con tu pareja.

¿Tienes claros cuáles son tus límites dentro de la relación?

¿Sabes comunicarlos?

¿Puedes decir «no» a lo que no quieres?

¿Estás bien con la idea de pasar tiempo y hacer planes sin tu pareja?

¿Sigues haciendo las actividades que te gustaban antes de iniciar la relación?

¿Sigues cultivando tus amistades?

¿Respetas los límites y el tiempo individual de tu pareja?

VIVE Y
DEJA VIVIR

VI. SI ESTÁS SIN PAREJA...

Nos han enseñado que debemos casarnos para «vivir felices», pero disfrutar la soltería es cuestión de perspectiva. En realidad, estar sin pareja es una oportunidad para vivir la vida que deseamos y crecer como personas más allá de lo que el mundo nos dice que tenemos que ser.

Si aún no has encontrado a nadie con quien quieras establecer un compromiso a largo plazo, ¡no tengas prisa por hacerlo! Ya encontrarás a alguien con quien quieras crear este tipo de vínculo... y si no lo haces, tampoco pasará nada, siempre y cuando te dediques a ti el tiempo que necesitas para escucharte y habitar tu verdad.
Y recuerda que tú ya eres un ser completo y que está en ti la posibilidad de darte todo eso que crees que solo una pareja te puede dar.

Las cosas no son «las cosas», sino nuestra definición de ellas. Mira la diferencia entre estas dos descripciones de **soltería**:

SOLTERÍA:

Estado triste y vergonzoso en el que una persona se siente sola y vacía, por lo que busca desesperadamente a alguien que le quiera.

· ·

Estado en el que una persona tiene tiempo para estar consigo misma, conocerse, aprender a quererse y a disfrutar de su propia compañía.

¿De qué manera eliges vivir tu soltería?

Cuando no estás en una relación y estás libre de compromiso, tienes más tiempo para ti. Llévate a citas, ve a tus lugares favoritos y consiéntete, cómprate regalos y ten detalles contigo, dedica tiempo a escucharte y a quererte. Enamórate de ti.

Aprende a disfrutar de todos estos momentos, ya descubrirás que este tiempo a solas fue la mejor decisión que pudiste haber tomado. Si en algún momento decides que deseas vivir en pareja y encuentras a alguien con quien quieras compartirte de esta manera, sabrás entablar una relación sana y armoniosa, consciente de que tú eres tu propia fuente de amor.

Y si decides que no quieres pareja, también está perfecto.

ES SUMAMENTE VÁLIDO ELEGIR UN CAMINO DISTINTO AL QUE CREÍAMOS QUE TENÍAMOS QUE SEGUIR.

Aspectos que puedes cultivar en la soltería:

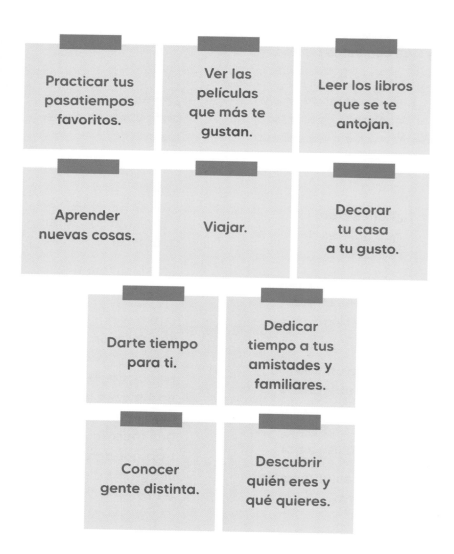

Practicar tus pasatiempos favoritos.

Ver las películas que más te gustan.

Leer los libros que se te antojan.

Aprender nuevas cosas.

Viajar.

Decorar tu casa a tu gusto.

Darte tiempo para ti.

Dedicar tiempo a tus amistades y familiares.

Conocer gente distinta.

Descubrir quién eres y qué quieres.

Revisa cómo estás

Si lo que quieres es buscar pareja, antes verifica cómo estás con estos puntos:

- [ ] ¿Te encuentras en paz contigo? ¿Te quieres, te valoras y respetas?

- [ ] ¿Disfrutas tu tiempo a solas?

- [ ] ¿Tienes claro lo que quieres de una relación?

- [ ] ¿Sabes lo que puedes y quieres ofrecer en una relación de pareja?

- [ ] ¿La mayoría de tus actos, palabras y pensamientos están acordes con la energía del amor?

- [ ] ¿Estás en una actitud receptiva?

- [ ] ¿Tienes la disposición para conocer gente y eres proacitvo/a para conseguirlo?

- [ ] ¿Cuentas con un círculo de amistades y gente cercana que te quiere?

- [ ] ¿Cultivas una vida personal?

- [ ] ¿Sientes que mereces una relación de pareja saludable, emocionante y evolutiva, o hay algo interno en lo que todavía quieras trabajar antes de integrar a alguien a tu vida?

VII. CÓMO DECIR ADIÓS

Todas las relaciones tienen ciclos. A veces sentimos que cada vez tenemos menos en común con amistades que solían ser muy cercanas, o con esa pareja que antes encajaba perfectamente en nuestra vida y últimamente no podemos imaginar un futuro en conjunto.

Reconocer que una relación está llegando a su fin puede ser muy complicado y doloroso. Pero saber decir adiós a tiempo es uno de los mayores actos de amor que podemos tener hacia nosotros y hacia las personas con quienes nos relacionamos.

En ocasiones es un reto muy grande hacer las paces con esto: puede que el cariño siga ahí y eso nos nubla un poco la vista ante todo lo demás. Intenta ver el panorama completo de la forma más objetiva posible e identifica cuál es el mejor paso que puedes dar desde un lugar de amor y cuidado.

Saber decir adiós a tiempo...

- es honrar la historia que escribimos con quienes nos relacionamos.

- es reconocer que ahí ya no se puede florecer, y hay que salir a buscar nuevas tierras fértiles.

- nos ahorra mucho dolor y sufrimiento.

- es un gran reto, pero también un gran regalo.

EL CARIÑO, LOS RECUERDOS Y EL RESPETO QUEDAN PARA SIEMPRE, PERO NO TODAS LAS RELACIONES SON PARA TODA LA VIDA. ENTONCES, ¿CÓMO SABER SI ES HORA DE DECIR ADIÓS A UNA RELACIÓN?

Guía

Si sientes que tu relación se identifica con alguna de estas frases o preguntas, márcala con una cruz. En esta relación...

Paso más tiempo sufriendo que disfrutando. ☐

Siento que pierdo más de lo que gano. ☐

Constantemente siento que me asfixio, me aburro o tengo ansiedad por estar con esta persona. ☐

Hace rato que he dejado de crecer y aprender. ☐

No siento que se valore quién soy ni lo que aporto. ☐

No siento admiración o inspiración por la otra persona. ☐

Siento que dependo emocionalmente de la otra persona o ella de mí. ☐

Siento que no puedo ser yo en mi versión más auténtica. ☐

No encontramos formas de resolver nuestros conflictos. De manera recurrente nos hacemos sentir menos y criticamos todo lo que hace la otra persona. ☐

Sigo aquí por compromiso, costumbre o miedo, no por un deseo genuino y auténtico de estar. ☐

No tengo claridad de a dónde vamos. No tenemos un plan en común. ☐

En el fondo sé que me sentiría más en paz si dejo esta relación. ☐

De no ser por mi insistencia o la de la otra persona, la relación no podría sostenerse por sí misma. ☐

No siento que puedo decir lo que siento libremente. ☐

Hemos intentado de todo y no encontramos una solución. ☐

Si respondiste «sí» a más de tres preguntas, es posible que sea momento de dejar ir esta relación. Reflexiona sobre esto y toma un respiro profundo. Escucha lo que tu intuición te diga y haz lo que solo tú sabes que sería mejor para ti. Si lo consideras necesario, consulta con un especialista para que te ayude a tomar una decisión que se sienta bien para ti.

NO SIEMPRE PODEMOS ELEGIR QUIÉN ENTRA A NUESTRA VIDA,

PERO SÍ QUIÉN SE QUEDA EN ELLA.

El medidor más grande para
saber si algo o alguien debe estar
en tu vida es tu paz interior.

Si te quita paz mental, te está saliendo demasiado caro.

ALÉJATE.

Piensa en una relación que sientas que es momento de dejar ir o que hayas soltado en fechas recientes. Escribe tres cosas que aprendiste de este vínculo:

1.

2.

3.

Después, afirma:

«Yo, ..., agradezco por todas las cosas que aprendí en esta relación, las integro y me permito dejar ir este vínculo para abrirme a lo nuevo».

Deja ir una relación...

- Si tienes que cuidar cada paso que das y cada palabra que dices.

- Si tienes que fingir ser alguien que no eres.

- Si tienes que esconder tus valores y creencias.

QUÉDATE...

DONDE PUEDAS SER TÚ EN TOTAL LIBERTAD.

HAY QUE SABER
DECIR «ADIÓS»
PARA PODER DECIR
«HOLA» A LO QUE
MERECES Y ESTÁ
ESPERANDO POR TI.

En caso de ruptura amorosa

Regálate empatía y compasión, estás pasando por un momento difícil.

Evita revisar las redes sociales de la otra persona.

Date permiso de sentir las emociones que surjan y escucha lo que vienen a decirte.

Busca el apoyo de tu familia y amistades.

Escúchate y haz las cosas que necesites para abrazarte en este proceso.

Llénate de paciencia y cuida de ti, te vas a necesitar.

Si la tristeza toca tu puerta, siéntate con ella: te ayudará a sentir para que después puedas dejar ir.

RECUERDA QUE AÚN
NO CONOCES A TODAS
LAS PERSONAS QUE
AMARÁS, NI A TODAS
LAS QUE DEJARÁN UNA
HUELLA EN TU VIDA.

TU HISTORIA SE
SIGUE ESCRIBIENDO...

DESPERTANDO PODCAST

Escúchanos en tu plataforma de audio favorita

NOTA FINAL

El viaje de regreso a ti se ve diferente para cada persona. Los pasos que te proponemos aquí no son más que un conjunto de ideas que te pueden ayudar a conectar contigo de una forma amorosa y compasiva. Ahora que exploraste este pequeño mundo de posibilidades, te toca a ti construir tu propio camino, escuchar a tu cuerpo, mente y corazón, reconocer cuáles son los pasos que tú necesitas dar y acercarte cada vez más a lo que se siente bien para la vida que estás construyendo.

Solo recuerda una cosa, la meta no se ve como imaginamos. La idea no es lograr despertar un día y dar por hecho que todo es perfecto, no se trata de sentir que de pronto amamos cada rincón de nosotros y que nunca volveremos a tener un mal día.

La clave está en sentirte en paz contigo, con todas las versiones de ti. El secreto es saber que nos esperan subidas y bajadas, que vienen emociones que nos encanta sentir y otras un poco incómodas, que habrá días en que aceptemos todo y otros en los que no queramos nada. Y todo eso está bien.

El amor propio se trata de estar bien con eso y saber que, aun en el peor día, eres una persona valiosa, que incluso después de caerte y cometer errores sigues siendo suficiente. Que como eres hoy mereces todo lo que sueñas.

Así que hoy, antes de levantarte de la cama y hacerle frente al mundo, respira y elige amarte sobre todas las cosas. Y si un día te desvías un poco y no logras poner en práctica nada de lo que aprendiste en este libro, no te preocupes; recuerda que mañana puedes empezar de nuevo. Gracias por acompañarnos en este camino. Este libro es una extensión de *Despertando Podcast*, te esperamos por allá cada mañana con un nuevo mensaje y una intención para cada uno de tus días.

BUEN VIAJE

AGRADECIMIENTOS

La gratitud nos ha ayudado a enfocar la mirada, el corazón y la vida en lo que puede florecer, en quien nos acompaña y en el nuevo despertar que tenemos todos los días. *Despertando* existe gracias a las miles y millones de personas que cada mañana amanecen con nosotras. ¡Gracias!

Nuestros nombres suelen figurar más al ser la cara de *Se Regalan Dudas*, pero sosteniéndonos y creando con nosotras hay personas igual de importantes que aunque sus nombres no aparecen en la portada del libro, sin ellas esto no hubiera podido ser posible. Gracias a Paulina Herrera que es nuestra socia, amiga y cómplice en todo lo que hemos hecho. Ella también está detrás de cada esfuerzo para que este libro exista. Sin Alis Escobar, *Despertando Podcast* no sería lo que es, sus palabras y guía han transformado millones de mañanas, gracias por construir esto con nosotras. A Bárbara Alonso, que acompañó el proceso de este libro para que nosotras pudiéramos seguir creando. A Rebeca Sánchez, que todos los días diseña los colores que acompañan y le dan vida a *Despertando*, gracias chula.

A todo el team de *Despertando* que estos dos años despiertan nuestros sueños con su trabajo tan increíble; a las voces, a sus diseñadores, community managers, editores, animadoras, directoras creativas, administradoras, creadoras de contenido, productoras, asistentes, abogadxs y todas las personas que trabajan y han trabajado a nuestro lado estos años. Gracias.

Gracias a Planeta y a nuestras editoras que nos dejaron transformar a *Despertando Podcast* en un libro y entendieron lo importante que era para nosotras lograr esta transición. Gracias a nuestros agentes en UTA y a Meredith Miller. A nuestras familias, hermanxs, amigxs y parejas que nos acompañan por donde andamos; siempre presentes, siempre agarrándonos la mano.

Gracias a la vida por permitirnos hacer esto, por dejar que nuestro proyecto despierte y acompañe a quienes están buscando crecer. Es el honor de nuestras vidas crear esto.

Gracias, buenos días y hasta mañana.

Ashley Frangie y Lety Sahagún.

Despertando Podcast
Escúchanos en tu plataforma
de audio favorita